Gewohnheiten ändern

Alte Gewohnheiten durchbrechen und Erfolgsgewohnheiten etablieren – Für mehr Erfolg, Motivation und Disziplin im Leben

Elias Brandt

1.Auflage | Juni 2017

Herstellung und Druck: Siehe Eindruck auf der letzten Seite
Covergestaltung: Peter Klatz
Lektorat: Amelie Müller

ISBN-13: 978-1548020316
ISBN-10: 1548020311

Herausgegeben durch:
Dan Lilie
Silvio-Meier-Str. 8
10247 Berlin

Haftungsausschluss

Die Inhalte dieses Buches wurden mit größter Sorgfalt erstellt. Für die Richtigkeit, Vollständigkeit und Aktualität der Inhalte können wir jedoch keine Gewähr übernehmen. Sie spiegeln die persönliche Meinung und Erfahrung des Autors wider. Der Autor übernimmt daher keine juristische Verantwortung oder Haftung für Schäden, die durch eventuelle Fehler oder kontraproduktive Ausübung durch den Leser entstehen. Dieses Buch ist eine Anleitung zu möglichen Erfolgsstrategien und keine Garantie für Erfolge. Der Autor übernimmt daher keine Verantwortung für das Nicht-Erreichen der im Buch beschriebenen Ziele. Dieses Buch enthält Links zu externen Webseiten Dritter, auf deren Inhalte wir keinen Einfluss haben. Deshalb können wir für diese fremden Inhalte auch keine Gewähr übernehmen. Für die Inhalte der verlinkten Seiten ist stets der jeweilige Anbieter oder Betreiber der Seiten verantwortlich. Die verlinkten Seiten wurden zum Zeitpunkt der Verlinkung auf mögliche Rechtsverstöße überprüft. Rechtswidrige Inhalte waren zum Zeitpunkt der Verlinkung nicht erkennbar. Eine permanente inhaltliche Kontrolle der verlinkten Seiten ist jedoch ohne konkrete Anhaltspunkte einer Rechtsverletzung nicht zumutbar. Bei Bekanntwerden von Rechtsverletzungen werden wir derartige Links umgehend entfernen.

Vorwort

Liebe Leser,

als ich heute Morgen aufgestanden bin, gab es – wie jeden Morgen – erst einmal eine Tasse Kaffee. Danach noch ein wenig Entspannen auf der Couch, darauf folgte die morgendliche Dusche und dann, vollkommen automatisiert, die Fahrt mit dem Auto zur Arbeit. Der Tag folgte ebenfalls strengen „Regeln“: Um Punkt 12 Uhr Mittag essen (man hat ja dann schließlich Pause), um 15 Uhr einen weiteren Kaffee, um 16.30 Uhr noch einen Kaffee, worauf der Heimweg mit dem Auto folgt. Zuhause dann etwas TV zur Entspannung und um 23 Uhr ab ins Bett. Der darauffolgende Tag, nun, der läuft wohl mit gleichen Mustern ab.

Liebe Leser, ich denke, Sie werden in meinem exemplarisch aufgeführten Tagesablauf einige Dinge wiedererkennen, die vielleicht auch für Sie zur Gewohnheit geworden sind. Gewohnheit – dieses Wort nutzen wir fast immer, ohne genau zu wissen, was es eigentlich bedeutet. Ist Gewohnheit ein antrainiertes Verhalten, was wir, einer automatischen Maschine gleich, auf Abruf immer wieder abspulen? Oder ist Gewohnheit gar Teil unseres Erbguts und hilft uns, besser (oder überhaupt?) durchs Leben zu kommen?

Nicht wenige von uns lassen das Frühstück aus und greifen stattdessen zu einer Zigarette. Lassen wir die gesundheitlichen und finanziellen Aspekte mal beiseite, ist dieses Laster eine an und für sich vollkommen überflüssige Angewohnheit. Hier wäre es doch durchaus mal interessant zu wissen, warum ich und weitere 1,1 Milliarden Menschen weltweit, sich diese Angewohnheit angewöhnt haben. Und noch interessanter wäre es ja herauszufinden, warum wir uns Dinge überhaupt angewöhnen, die ganz offensichtlich keinen Nutzen haben, aber dafür umso mehr Schaden anrichten.

Mit dem Kauf dieses Buches haben Sie sich geoutet. Sie werden ganz offenbar allerlei Gewohnheiten mit sich herumtragen und diese vermutlich nicht alle behalten wollen. Ohne Sie entmutigen zu wollen: Es wird verdammt schwer, alte Zöpfe abzuschneiden. Aber, und das ist wichtig zu wissen, es ist nicht unmöglich! Dieses Buch wird Sie unterstützen, begleiten und hoffentlich auch inspirieren. Selbst wenn Sie das Buch nicht mit dem Ziel gekauft haben, Ihre Gewohnheiten abzulegen, manchmal bekommt man ja Bücher geschenkt, mit denen man im ersten Moment reichlich wenig anfangen kann, lohnt sich ein tieferer Blick in die Kapitel. Ich habe versucht, auf wenigen Seiten so viele Informationen wie möglich zusammenzutragen. Die

Tatsache, dass mein erhöhter Kaffeekonsum eine leidlich erfreuliche Angewohnheit meinerseits ist, ist logisch. Aber WARUM habe ich mir dies vor langer Zeit angewöhnt? WIE habe ich es mir angewöhnt und WO steckt in meinem Körper die Zentrale, die mich immer wieder meinen Gewohnheiten nachgehen lässt? Rund um diese Fragen wird sich dieses Buch drehen und garantiert auch für Sie Antworten auf die Frage bieten:

WAS kann ich persönlich dafür tun, eine schlechte Angewohnheit loszuwerden?

Dieser Ratgeber ist in zwei Teile aufgeteilt. Zuerst werden wir uns der Theorie widmen. Natürlich wird Sie keine trockene, langweilige und nur schwer zu verstehende Fachliteratur erwarten. Das Durchforsten der Ideen der Wissenschaftler und das Aufbereiten in eine verständliche Form habe ich für Sie übernommen (und Sie werden merken: Auch sachliche Texte können Spaß machen). Wir werden uns in dem ersten Teil des Buches einfach mal ganz ungezwungen anschauen, wie in der Psychologie und Soziologie das Thema Gewohnheiten betrachtet wird. Entstehen alle Gewohnheiten nur im Kopf, oder sind wir stellenweise genetisch so programmiert, dass wir zwar anders wollen, aber nicht anders können?

Der zweite Teil dieses Buches ist eher praktischer Natur. Denn wenn wir schon so viel Wissen zusammengetragen haben, wäre es ja schade, dieses nicht mal in der Praxis anzuwenden. Neben spielerischen Elementen finden Sie im letzten Kapitel des Buches auch eine Herausforderung. Innerhalb von nur 70 Tagen werden Sie, sofern Sie die Anleitung befolgen, eine oder gar mehrere Ihrer Angewohnheiten ablegen. Warum 70 Tage? Nun, die Begründung werden Sie im Laufe dieses Buches mit Sicherheit lesen.

Die Challenge sowie die Grundidee ist übrigens auf eine sehr interessante Art und Weise entstanden. Eines Tages entrümpelte ich den Dachboden einer verstorbenen Verwandten. Zwischen all dem Chaos und Jahrzehnte altem Gerümpel fand ich ein kleines Büchlein. Handschriftlich hielt dort ein mir nur aus Erzählungen bekannter Vorfahre fest, wie er in den 1920er Jahren den Kampf gegen seine schlechten Angewohnheiten aufgenommen hat und innerhalb weniger Jahre zum Leiter einer eigenen, kleinen Fabrik aufgestiegen ist. Dieses Büchlein voller Notizen hat mich nie wieder losgelassen und ich habe begonnen, nach und nach die aufgezeichneten Ideen meines Vorfahren in die Neuzeit zu transportieren und auf mein Leben anzuwenden. Aus dieser Initialzündung ist nicht nur im Laufe der Zeit dieses Buch hier entstanden – ich habe sogar nach über 20 Jahren mit dem Rauchen aufgehört! Vielleicht mag nicht alles wissenschaftlich fundiert sein – aber dass die Ideen funktionieren, nun, dafür bin ich das beste Beispiel.

Ich freue mich, dass Sie sich dazu entschieden haben, mit diesem Buch den Aufbruch in ein Leben mit weniger schlechten Angewohnheiten zu beginnen. Sollten Sie Anregungen, Verbesserungen, Kritik (konstruktiver Natur) oder auch einfach Fragen haben, wenden Sie sich gerne an den Verlag. Ich freue mich jederzeit auf Feedback und verspreche Ihnen bereits jetzt, dass ich jede Ihrer Anfragen persönlich entgegennehmen und beantworten werde.

Doch nun genug des Geplänkels. Blättern Sie einfach um – und beginnen Sie Ihre Reise durch die Macht der Gewohnheiten. Ich wünsche Ihnen viel Spaß beim Lesen!

Es grüßt herzlich

Elias Brandt

Inhaltsverzeichnis

Kapitel 1: Das Ding mit der Gewohnheit

Das Ding mit der Gewohnheit
Was bedeutet Gewohnheit eigentlich?

Gewohnheit, dieses Wort nutzen sicherlich auch Sie, verehrter Leser, häufig, wenn nicht sogar täglich. Doch wissen Sie wirklich, was Gewohnheit eigentlich genau bedeutet? Oder haben Sie, wie der Großteil der Menschen, nur eine vage Vorstellung von der tieferen Bedeutung dieses Wortes?

Schlägt man in der Literatur nach, wird Gewohnheit häufig mit folgenden oder ähnlichen Sätzen beschrieben:

„Als ***Gewohnheit*** *(auch* ***Usus****, lat. uti „gebrauchen") wird eine unter gleichartigen Bedingungen entwickelte Reaktionsweise bezeichnet, die durch Wiederholung stereotypiert wurde und bei gleichartigen Situationsbedingungen wie automatisch nach demselben Reaktionsschema ausgeführt wird, wenn sie nicht bewusst vermieden oder unterdrückt wird."*

Diese Definition ist nicht unbedingt sofort

verständlich. Aber lassen Sie uns mal nachschauen, ob wir diesen verkomplizierten Sachverhalt auseinandernehmen und auf unseren Alltag übertragen können.

Zunächst einmal geht es um unter „gleichartigen Bedingungen entwickelte Reaktionsweise“. Nehmen wir hier wieder das schöne Beispiel von Kaffee am Morgen. Die gleichartige Bedingung ist hier das aus dem Schlaf gerissen werden (durch den Wecker, oder, selten, durch ein erholsames Ausschlafen). Wir stehen jeden Morgen auf, somit ist dieser Vorgang auf jeden Fall gleichartig. Da wir morgens müde sind, brauchen die meisten von uns etwas, um den Kreislauf in Schwung zu bringen. Hier wäre eine Reaktionsweise das Aufbrühen von Kaffee (vielleicht ist es bei Ihnen ja auch ein Tee, ein Kakao oder gar etwas völlig anderes). Die Bedingung „Aufstehen“ wird also mit einer Reaktion „Kaffee“ quittiert.

Nun steht in obiger Definition, dass diese Reaktionsweise „durch Wiederholung stereotypiert“ wird. Das Wiederholen erledigen wir durch die Bedingung, dass wir morgens aufstehen. Sieben Mal die Woche, 30-mal pro Monat und 365-mal im Jahr. Die Handlung „Kaffee kochen“ geht uns, bildlich gesprochen, durch ständiges Wiederholen in „Fleisch und Blut“ über. Hierzu sagt die Definition dann, dass diese Handlung „bei gleichartigen Situationsbedingungen wie automatisch nach dem selben Reaktionsschema ausgeführt wird". Irgendwann werden Sie morgens aufstehen und nicht mehr drüber nachdenken, ob Sie nun einen Kaffee brühen oder nicht – Sie werden es einfach machen. Gleiches gilt natürlich für alle anderen, liebgewonnenen Rituale am Morgen – für mich hieß das auch Jahre lang eine Zigarette zum Frühstück. Sobald sich Ihre Handlung verselbstständigt hat, können wir also von einer Gewohnheit sprechen. Und auch hier sagt die Definition wieder etwas Schlaues, denn diese Gewohnheiten werden so lange automatisch ausgeführt, bis sie „bewusst vermieden oder unterdrückt" werden. Auf den Kaffee bezogen heißt das, dass Sie sich nach dem Aufstehen aktiv Gedanken machen müssen, wenn Sie KEINEN Kaffee brühen wollen.

Das Interessante an wissenschaftlich und allgemein gehaltenen Aussagen ist, dass sie sich fast immer 1:1 auf unser ganz normales Alltagsleben übertragen lassen. Folgt man der Logik des oben genannten, auf wissenschaftlichen Tatsachen beruhenden Zitates sind wir Menschen gar nicht so sehr Herr unserer Handlungen, wie wir häufig meinen – sondern vielmehr eine Puppe, die an den Fäden antrainierter Verhaltensweisen hängt und von diesen, je nach Lust und Laune, durchs Leben geführt wird.

Übrigens, nicht nur Menschen neigen zur Gewohnheit. Auch Tiere, und da selbst primitive Einzeller, können auf bestimmte Handlungsweisen hin konditioniert werden und sich „an etwas gewöhnen“. Ein nettes Beispiel ist der Pawlowsche Hund. Dieses Tier wurde von einem Forscher, Herrn Pawlow, für verhaltenstheoretische Experimente benutzt. Bevor Tierschützer nun aufschreien: Dem Hund ist nichts Schlimmes widerfahren. Ihm wurde nur regelmäßig Futter vorgesetzt, woraufhin dem Hund, als natürlicher Reflex, Speichel in rauen Mengen aus der Schnauze floss. Hundebesitzer können sich diese entstandene Sauerei sicherlich lebhaft vorstellen. Parallel zur Futterausgabe wurde ein kleines Glöckchen geläutet. Für den Hund bedeutete dies: Die Glocke läutet, gleich gibt es Essen. Dieses Schema wurde immer und immer wieder wiederholt. Irgendwann läutete Herr Pawlow die Glocke – und der Hund fing mit der vermehrten Speichelbildung an, ohne dass Essen in Sicht war. Der Hund wurde also auf das Geräusch der Glocke konditioniert und reagierte mit einer Handlung, nämlich dem vermehrten Speichelfluss. Man kann also sagen, dass der Hund sich eine Gewohnheit angeeignet hat.

Natürlich lassen sich solche Experimente nicht

hundertprozentig auf uns Menschen übertragen, doch auch wir lassen uns gerne und schnell auf gewisse Verhaltensweisen hin konditionieren. Der Kaffee zum Aufstehen? Konditioniert. Die Zigarette zum Wachwerden? Konditioniert. Der erhöhte Speichelfluss beim Anblick eines frischen, kühlen Pils – richtig, konditioniert.

Wissenschaftler haben übrigens herausgefunden, dass bis zu 40% unserer Handlungen, die wir täglich durchführen, auf Gewohnheiten beruhen. Lassen wir den Kaffee und die Zigarette mal beiseite – und schauen mal, wo diese Prozentzahlen herstammen könnten.

Haben Sie einen Bürojob? Wenn ja, dann werden Sie sicherlich häufig Ihre eingehenden Mails checken. Machen Sie dies noch bewusst, oder ist der Vorgang des Abrufens von E-Mails vom Server bereits so angewöhnt, dass Sie gar nicht mehr drüber nachdenken, dass Sie die Mails abrufen (und das wahrscheinlich auch öfter als Sie meinen). Oder, auch ein schönes Beispiel für Gewöhnung, das tägliche Ritual der Nahrungsaufnahme. Haben Sie hier auch feste Zeiten, in denen Ihr Körper nach Nährstoffen geradezu giert? Wenn Sie immer um 12 Uhr Mittagspause haben, werden Sie wahrscheinlich auch immer um diese Uhrzeit essen. Zumindest die Woche über, denn am Wochenende ist der Rhythmus ja nicht mehr fremdbestimmt und Sie könnten später essen. Allerdings – Ihr Körper könnte da etwas gegen haben und auf die Nahrungszufuhr Punkt 12 Uhr bestehen.

Essen ist darüber hinaus in großem Maße ein Thema der Gewohnheiten. Die Vorliebe für bestimmte Speisen (und genauso die Abneigungen), die bevorzugten Zeiten der Nahrungsaufnahme, ja selbst der Umgang mit Messer, Gabel oder Essstäbchen – alles ist gehört zu einem antrainierten Verhalten. Gleiches gilt für Getränke, für Genussmittel jeglicher Art, für Alkohol, ja selbst für Drogen. Sie merken, das Thema Gewohnheiten ist wesentlich komplexer, als man zunächst meinen mag. Wir gehen bisher davon aus, dass Gewohnheiten antrainiert werden. Doch ist dies wirklich immer der Fall, oder gibt es auch Gewohnheiten, die wir vererbt bekommen? Gewohnheiten direkt mit der Muttermilch injiziert sozusagen?

Werden Gewohnheiten erlernt oder sind sie (auch) angeboren?

Ein Neugeborenes ist zunächst einmal völlig frei von irgendwelchen Angewohnheiten. Es schläft, es trinkt, dann schläft es wieder und zwischendurch schreit es auch mal. Aber das Baby hat weder Bedarf an einem Kaffee am Morgen noch an standardisierten Zeiten der Nahrungsaufnahme. Wir können uns den frisch geborenen Menschen problemlos als eine Art weißes, leeres Blatt Papier vorstellen, bei dem Rituale, Angewohnheiten und Verhaltensweisen erst nach und nach aufgeschrieben werden. Kann man also direkt festhalten, dass Gewohnheiten niemals angeboren werden (und kann man somit dieses Kapitel schließen, bevor es überhaupt richtig angefangen hat)? So einfach ist das leider nicht.

Zunächst einmal müssen wir schauen, wie eine Gewohnheit aus biologischer Sicht abläuft. Dass Sie sich täglich die Zähne putzen, ohne groß darüber nachzudenken, dass Zahnpasta auf die Bürste gehört, diese zum Mund geführt wird und daraufhin die Zähne mit immer gleichen Bewegungsabläufen geputzt werden, scheint kein erwähnenswerter Vorgang zu sein – doch für den automatischen Ablauf hat Ihr Gehirn faszinierende Möglichkeiten eingerichtet, der dem

Gehirn Energie spart. Moment mal, Energie sparen? Geht es jetzt hier im Ratgeber um die besten Energiespartipps für eine möglichst geringe Stromrechnung?

Nein, keine Sorge. Wir bleiben schon beim Thema, nur ist Ihr Gehirn ein äußerst effizient arbeitender Denkapparat – und hat Ihnen einen Bereich tief in der subkortikalen Hirnregion eingeräumt, die bestimmte, immer wiederkehrende Handlungen für Sie abspeichert und automatisiert. Nicht, um Ihnen das Leben zu erleichtern, sondern um möglichst sparsam durch den Alltag zu kommen und immer genügend Power für wichtigere Denkaufgaben parat zu haben.

Um die Theorie mal zu konkretisieren, stellen wir uns einfach mal einen Motor in einem Auto vor. Nehmen wir mal an, Sie planen eine längere Autobahnfahrt. Die genaue Strecke ist dabei vollkommen gleichgültig, es geht vielmehr um den Prozess an sich. Wenn Sie den Motor starten, den ersten Gang einlegen und das Gaspedal zum ersten Mal durchdrücken, hat die Technik ganz schön viel zu tun. Verschiedene Regler, Ventile und Steuereinheiten werden in Position gebracht, Sprit wird durch die Leitungen in den Verbrennungsraum gepumpt und die Kolben in den Zylindern fangen an zu arbeiten. Dieser Vorgang verbraucht relativ gesehen immens viel Sprit. Sind Sie dann auf der Autobahn angekommen, pegeln sich alle Vorgänge im Motor ein, es entsteht eine gewisse Laufruhe und – der Spritverbrauch sinkt.

Ähnlich funktioniert es auch in unserem Gehirn. Dinge, die wir zum ersten Mal machen, erfordert immer eine bewusste Absicht – und damit eine erhöhte Aktivität in einem bestimmten Areal des Gehirns. Der 'präfrontale Kortex', ein Bereich im Frontallappen der Großhirnrinde, ist zuständig für bewusste Planungen und tritt immer dann in Aktion, wenn wir eine neue Aktivität durchführen. Ein Areal, dass in Arbeit versetzt wird, verbraucht – richtig, eine Menge Energie.

Wird eine Aktivität dann durch fortwährendes Wiederholen eingeübt, wandelt sie sich langsam aber sicher in Routine um. Routinierte Aufgaben werden im Laufe der Zeit mit immer weniger gedanklicher Kontrolle umgesetzt. Der präfrontale Kortex widmet sich wichtigeren Aufgaben und überlässt das routinierte Abspulen der Aufgaben einem anderen, weniger energiehungrigen Bereich im Gehirn (für die Kategorie Partywissen: Diesen genügsamen Bereich im Gehirn nennt man Basalganglien).

Wir können bis hierhin also festhalten: Unser Denkapparat ist dermaßen auf Effizienz getrimmt, dass er uns geradezu dazu nötigt, uns Gewohnheiten anzueignen.

Die Frage, die sich nun allerdings stellt, ist folgende: Wenn ein Organismus wie der Mensch (und einige Tiere ebenso) biologisch darauf ausgelegt ist, möglichst viele Aufgaben automatisiert zu erledigen, werden dann gewisse Gewohnheiten kleinen Programmen gleich direkt in der DNS verankert, treten also zwangsweise immer zum Vorschein?

Überlegen wir uns nochmal ein Beispiel. Zwei Kinder werden absolut zeitgleich in unterschiedlichen Krankenhäusern geboren, direkt nach der Geburt vertauscht und wachsen schließlich tausende Kilometer weit voneinander entfernt auf. Wir sind dabei in der Rolle des allwissenden Beobachters und können die Kinder samt ihren Eltern tagaus tagein beobachten. Was meinen Sie, ist wahrscheinlicher:

A) Die Kinder werden Verhaltensweisen und Gewohnheiten entwickeln, die denen der leiblichen Eltern gleichen.

B) Die Kinder werden Verhaltensweisen und Gewohnheiten entwickeln, die denen der Eltern gleichen, bei denen die Kinder aufwachsen.

Wer jetzt auf Antwort A plädiert, wird auf lange Sicht

wahrscheinlich enttäuscht werden. Zu fast 100% werden Sie Kinder beobachten können, die in Verhalten Ihren Eltern ähneln und – Überraschung! - ganz EIGENE Gewohnheiten entwickeln. Es gibt psychologische Modelle, die annehmen, dass alle Gewohnheiten auf assoziativem Lernen beruhen. Dies bedeutet, dass Ereignisse immer dann in der Erinnerung verknüpft werden, wenn sie räumlich und zeitlich gesehen gemeinsam auftreten. Wird in Familie Müller die Tradition hochgehalten, dass der Vater mit dem Sohne immer abends im Bett eine halbe Stunde pädagogisch hoch wertlose Kinderclips auf dem Tablet schaut, wird dieses 'Ritual' für den Nachwuchs zur Gewohnheit. Er hat gelernt, dass, wenn Papa nach Hause kommt, spätestens nach dem Abendbrot amüsante Videos auf dem kleinen eckigen Kasten laufen. In Familie Maier hingegen darf die Tochter weder morgens noch abends fernsehen. Hier hält man es mit Bilderbüchern, die der Vater nach Feierabend auf der Couch vorliest. Sobald sich der Vater auf dem Sitzmöbel niederlässt, holt die Tochter in völlig überzeugter Routine das bevorzugte Buch und erwartet eine Geschichte.
Ob Tablet, Buch oder ganz andere Rituale – die Kinder hätten sich, hätte man sie nach der Geburt vertauscht, die Gewohnheiten des jeweils anderen angeeignet.

Beobachten Sie einmal vertraute Personen in Ihrer

direkten Umgebung. Kinder oder der Partner eignen sich hierbei besonders. Bestimmt kennen Sie deren Gewohnheiten. Achten Sie nun mal darauf, wo die Personen die Angewohnheiten ausüben. Ihr Mann legt gerne die Füße auf den Tisch? Ja, aber nur im Wohnzimmer. Ihre Frau kann zwei Tafeln Schokolade am Stück naschen? Ja, aber nur vor dem Fernseher. Ihr Kind hat den dringlichsten Bedarf nach einem Eis? Ja, aber nur vorm Kiosk.

Sie werden verblüfft sein, wie häufig der Ort einer ausgeübten Handlung mit dieser verknüpft ist. Die Psychologin Wendy Wood von der Duke University in Durham/North Carolina hat zu genau diesem Thema mal eine Tagebuchstudie durchgeführt. Hierfür sollten die Probanden häufig ausgeübte Aktivitäten gemeinsam mit dem Ort, wo sie diese ausgeübt haben, notieren. In annähernd der Hälfte alle Fälle wurde offenbar, dass die notierten Aktivitäten immer und immer wieder am gleichen Ort ausgeführt wurden. Es besteht also tatsächlich eine enge Korrelation zwischen Kontext und Gewohnheit!

Halten wir abschließend zu diesem Kapitel fest, dass unsere Gewohnheiten immer Ausdruck unserer Alltagserfahrungen sind. Gewisse Vorlieben wie der Hang zu süßen Speisen sind sicherlich auch in unseren Genen verankert. Eine Angewohnheit hingegen ist nicht biologischer, sondern psychischer Natur. Und damit haben wir auch keine Ausreden mehr, um schlechte Angewohnheiten nicht zu verändern.

Negative und positive Gewohnheiten

Beginnen wir dieses Kapitel mit einem Bonmot: „Ein gutes Leben ist das, in dem sich gute Gewohnheiten etabliert haben". Bisher haben wir uns ja nur ganz generell angesehen, was Gewohnheiten sind und wie sie entstehen. Jetzt ist es an der Zeit, die Gewohnheit als solche mal näher unter die Lupe zu nehmen.

Allgemein bekannt ist, dass es viele schlechte Angewohnheiten gibt. Rauchen, Trinken, Völlerei – unser Leben steckt voller schlechter Angewohnheiten, die die meisten von uns lieber gestern als heute loswerden würden. Doch sollten wir nicht immer alles negativ sehen – und widmen wir uns erst mal den positiven Gewohnheiten. Hier kommt ein weiteres Bonmot ins Spiel: „Gewohnheiten sind das Fundament des Lebens". Was bedeutet das?

Nun, sofern Sie einer geregelten Arbeit nachgehen, werden Sie höchstwahrscheinlich eine gute Angewohnheit sehr gut kennen, nämlich das zeitige Aufstehen in der Frühe. Diese grundlegende Gewohnheit dient nicht nur dazu, Ihren Arbeitgeber zufriedenzustellen, sondern sichert auch Ihren gesellschaftlichen Status. Dadurch, dass Sie sich irgendwann mal die Fähigkeit angeeignet und im Laufe der Zeit bewiesen haben, regelmäßig und pünktlich zu einer bestimmten Uhrzeit aufzustehen und einer Arbeit nachzugehen, hat sich die gesellschaftliche Stellung, die Sie innehaben, gefestigt. Sie haben die nötige Reife bewiesen, als Teil einer sozialen Schicht zu funktionieren. Gewohnheiten haben demzufolge nicht nur persönliche, sondern gesamtgesellschaftliche Auswirkungen. Für Sie persönlich bedeutet die als Beispiel herangezogene Gewohnheit des frühen Aufstehens einen Arbeitsplatz und ein regelmäßiges Einkommen, für die gesamte Gesellschaft bedeutet diese Gewohnheit (die mit Ihnen ja viele Millionen Menschen teilen) überhaupt erst eine Funktionsfähigkeit.

Was ist mit weiteren Gewohnheiten, die durch und durch positiv zu bewerten sind? Vielleicht gehören Sie ja zu den Menschen, die es sich *angewöhnt* haben, nicht nur auf Ihre Gesundheit, sondern auch auf das Tierwohl zu achten? Das regelmäßige und grundsätzliche Auswählen von Fleisch aus artgerechter Haltung oder, noch konsequenter, dem völligen Verzicht auf tierische Produkte ist ja nicht etwas, was uns mal eben so in den Schoß fällt, sondern die Summe aus bewusstem Verzicht (der erstmals startende Motor, Sie erinnern sich?) und regelmäßiger Durchführung. Erst nach geraumer Zeit werden Sie nicht mehr bei jedem Einkauf den Gedanken daran vertun, eine bestimmte Handlung (den Kauf bzw. Verzicht von Fleischwaren) durchzuführen. Sie werden ganz *automatisch* bevorzugte und gewohnte Waren in den Einkaufswegen legen – einfach, weil Sie es gewöhnt sind. Die ehemals noch mit der starken Motivation - einer aktiven Teilnahme an der Verbesserung der Welt - gestartete Änderung Ihrer Handlungen weicht mit den Monaten und Jahren einer Routine. Irgendwann werden Sie die Steaks von der immerhin möglichst artgerecht gehaltenen, regional aufgewachsen und schonend geschlachteten Kuh respektive das Bio-Tofu auf das Band an der Kasse legen. Sich dabei vorstellen, dass es mal anders sein könnte, das machen Sie erst gar nicht. Die Gewohnheit ist zum Alltag geworden.

Solange Sie den guten Gewohnheiten treu sind, läuft es für Sie. Sie ernähren sich gesünder, die Kuh, die Sie vertilgen, hatte wenigstens ein paar schöne Monate oder das Schwein, was Sie nicht gegessen haben, konnte noch jahrelang über die grüne Wiese tollen (ok, das ist realistisch gesehen jetzt eher unwahrscheinlich). Mit dieser Angewohnheit tun Sie sowohl sich als auch der Umwelt etwas Gutes.

Es könnte alles so schön sein.
Ist es aber nicht.

Gute Gewohnheiten sind nur so lange gute

Gewohnheiten, wie sie gute Gewohnheiten bleiben. Selbst der überzeugteste Veganer kann einem frischen Döner verfallen und droht eine finanzielle Schieflage, kann trotz schlechtem Gewissen das 1,99 Euro Turbomastfleisch dem artgerechten Hüftsteak den Rang ablaufen.

Eine gute Angewohnheit kann sich schneller ändern, als Sie denken mögen. Es braucht nur einen Auslöser, einen Trigger, um eine Gewohnheit auszuschalten oder ins Negative zu verkehren. Diese Aussage merken wir uns übrigens für den weiteren Verlauf dieses Buches, wir werden hier drauf noch mal zurückkommen.

Wir haben jetzt so viel über gute Gewohnheiten gesprochen. Allerdings ist es wie fast immer im Leben – wo Licht ist, da ist auch Schatten. Genauso wie wir uns gute Gewohnheiten aneignen, so eignen wir uns auch die sogenannten 'schlechten Gewohnheiten' an.

Schlechte Gewohnheiten müssen nicht immer per se schlecht sein. Schlechte Gewohnheiten in der einen Kultur sind gute Gewohnheiten in der anderen und was heute unter schlechter Gewohnheit verstanden wird, kann in der Vergangenheit als das genaue Gegenteil davon verstanden worden sein.

Was verstehen Sie, liebe Leser, unter einer schlechten

Gewohnheit? Der ausgeprägte Hang zu Zigaretten? Das tägliche Bier zum Feierabend oder der Joint am Wochenende? Der Konsum von Süßigkeiten oder die täglichen 12 Stunden vor dem Fernseher? Das Starren auf den Bildschirm des Smartphones alle fünf Minuten oder lautstarkes Aufstoßen nach dem Mittagessen?

Die aufgezählten Angewohnheiten können mit Fug und Recht als „schlecht" bezeichnet werden – zumindest aus dem aktuellen Kontext heraus gesehen. Gingen wir nun 50 Jahre in der Zeit zurück, könnten und dürften Sie überall rauchen, wo es Ihnen beliebt. Auf der Arbeit, im Bus oder in der Kneipe, egal wo Sie mit der Fluppe auftauchen würden – niemanden würde es stören. Im Gegenteil, durch die Zigarette haben Sie dereinst guten Geschmack bewiesen – und es wurde Ihnen von der Gesellschaft Entgegenkommen gezeigt. Das Bier zum Feierabend, was heute als ungesund und damit schlecht gilt, war Jahrzehnte, gar Jahrhunderte lang der Inbegriff von Entspannung und Genuss – und damit „gut". Der Joint am Wochenende ist zwar in unserer Gesellschaft tabuisiert (und folglich schlecht), aber wenn Sie über den großen Teich nach Amerika oder in unsere direkte Nachbarschaft nach Holland schauen, sieht dort das ganze gleich anders aus. Wenn Sie Ihren täglichen Verzehr von einer Tüte Weingummi als schlechte Angewohnheit sehen, weil es Sie verfettet und krank macht, haben Sie dies für sich als schlechte

Angewohnheit erkannt – ihr Nachbar, der die gleiche Leidenschaft teilt, muss das allerdings noch lange nicht als solche sehen. Ewiges Starren auf TV und Smartphone wird gesamtgesellschaftlich durchaus als schlechte Angewohnheit gesehen. Es ist schlecht für die soziale Interaktion, für die Gesundheit und stellenweise auch für das Portemonnaie, trotzdem wird dieses Verhalten aus individueller Sicht betroffener Personen nicht unbedingt auch als schlecht angesehen. Vielmehr als Ruhepol, als Entspannungsmaschine oder Ablenkung.

Wenn Sie heute Ihrem Mann nach erfolgreich verspeistem Mahl immer gerne herzhaft ins Gesicht rülpsen, wird Ihr Mann höchstwahrscheinlich über eine 'schlechte Angewohnheit' seiner Frau klagen. Im Mittelalter hingegen war das lautstarke Aufstoßen ein Zeichen dafür, dass es geschmeckt hat und es dem Esser gut geht. „Was rülpset und furzet er nicht? Hat es ihm nicht geschmacket?“

Sie sehen, Angewohnheiten sind eine ziemlich individuelle Geschichte. Was für den einen eine gute Angewohnheit ist, ist für den anderen eine schlechte Angewohnheit. Und umgekehrt, denn nicht immer ist alles, was schlecht sein soll, auch wirklich schlecht.

Ziemlich verwirrend, finden Sie nicht?

Lassen wir daher mal die Experten auf dem Gebiet des menschlichen Geistes erklären, was sie zum Thema Gewohnheiten zu sagen haben.

Gewohnheit – psychologisch betrachtet

Würde man Sie nach Ihrem Selbstbildnis fragen, würden Sie wahrscheinlich früher oder später mit dem vollen Brustton der Überzeugung ausrufen, dass Sie auf jeden Fall ein/e mündige/r, aufgeklärte/r Bürger*in sind, mit freiem Willen und frei in den Handlungen. Tja, so frei in Ihren Handlungen, wie Sie es meinen zu sein, sind Sie nicht. Der Professor Bas Verplanken, seines Zeichens Wissenschaftler für Sozialpsychologie an der University of Bath in England, forscht seit über 20 Jahren rund um das Thema Gewohnheiten. Und er ist überzeugt, dass „zwischen 30 und 50 Prozent unseres täglichen Handelns durch Gewohnheiten bestimmt werden". 50 Prozent, das entspricht der Hälfte unseres Tagesablaufes, von dem wir doch immer so gerne behaupten, dass wir am Tage ganz wir selbst sind und unsere Handlungen auf jeden Fall und ganz sicherlich zielgerichtet steuern. Schließlich haben wir ja Erfolg im Beruf, eine intakte Familie und sowieso immer so viel Input.

Tatsächlich jedoch wird unser Tagesablauf von Gewohnheiten bestimmt. So lange die Gewohnheiten deckungsgleich mit unseren Zielen sind, stören sie nicht, ja sie fallen uns sogar überhaupt nicht auf. Stehen die Gewohnheiten aber konträr zu den Zielen, können sie uns hemmen, stören und Zeit und Energie stehlen.

Unserem Gehirn ist es dabei vollkommen gleich, ob die Gewohnheit, die Sie sich angeeignet haben eine gute oder schlechte ist. Wie wir ja wissen, möchte unser Chef im Kopf einfach nur möglichst sparsam durch den Tag kommen. Darum gilt: Ob gute oder schlechte Angewohnheit, sobald sich ein Verhalten einmal erst festgesetzt hat, ist es unfassbar schwer, dieses wieder zu ändern. Auch wenn wir es uns ganz fest vornehmen.

Nichtsdestotrotz, vielleicht sogar genau deshalb, können wir uns den Mechanismus der Gewohnheit auch zunutze machen. Denn manchmal ist es in der Psychologie wie im Handwerk: Wer weiß, wie Dinge funktionieren, wer das Prinzip hinter einem Mechanismus verstanden hat, der kann diese Dinge auch verändern. Und dabei ist es egal, ob Sie nun einen Wasserhahn, ein Auto oder Ihre Angewohnheiten reparieren.

Sofern Sie in einer Position mit Führungsverantwortung arbeiten oder in der Werbebranche, dann wissen Sie wahrscheinlich, welche Macht in Gewohnheiten stecken. Sobald Sie für Konsumenten, Kunden oder Angestellte ein Umfeld schaffen, in dem diese sich wohlfühlen, haben Sie leichtes Spiel, die betreffenden Personen genau die

Gewohnheiten ausbilden zu lassen, die Sie für Ihre Zielsetzung benötigen. Ein Beispiel gefällig?

In einem kleinen Unternehmen ist es Usus, dass am Feierabend die tägliche Post in den nahegelegenen Postkasten geworfen wird. Von den 20 Mitarbeitern, die theoretisch die Postsachen mitnehmen könnten, fühlen sich gerade mal drei Personen dazu berufen, diesen Dienst zu übernehmen. Über die Jahre wurde es Unternehmensgewohnheit, dass immer nur die drei gleichen Personen die Briefsachen versorgt haben, nach Feierabend, versteht sich. „Die haben es ja immer schon gemacht". Diese drei Personen führen zwar klaglos ihren Postauftrag aus, sind jedoch innerlich frustriert. Denn auch wenn es sich nur um 15 Minuten unbezahlte Extra-Arbeit handelt – die Mitarbeiter fühlen sich grundsätzlich ungerecht behandelt.

Nach einem Wechsel in der Führungsetage kommt es zu einem Gespräch zwischen dem neuen Chef und den drei Kollegen. Nach offener Aussprache trifft der neue Chef eine Entscheidung: Die drei Personen werden sich auch zukünftig um die Post kümmern. Allerdings darf die Person, die den Tagespost wegbringt, dafür eine halbe Stunde eher den Betrieb verlassen. Bei vollem Lohnausgleich, versteht sich. Fortan erfüllen die drei Mitarbeiter die ihr anvertraute Arbeit mit Freude und dem guten Gefühl, etwas Positives aus der ungeliebten Aufgabe zu ziehen.

Der Chef aus unserem Beispiel hat hier Weitsicht bewiesen. Er weiß, dass die drei Mitarbeiter über die

Jahre eine regelrechte Routine, eine Gewohnheit, in ihrer Aufgabe entwickelt haben. Dies stellt sicher, dass die Post wie vorgesehen nach Feierabend weggebracht wird. Und zwar immer – denn das Risiko, dass diese Aufgabe vergessen werden könnte, wäre bei mit der Aufgabe nicht vertrauten Kollegen wesentlich höher. Dadurch, dass der Chef den Angestellten ein positives Umfeld verschafft (durch die Belohnung des um 15 Minuten verkürzten Arbeitstages), bleiben die Angestellten ihren Gewohnheiten treu. Und haben keinerlei Grund mehr, diese Gewohnheiten ablegen zu wollen.

Sie können mit dem Wissen über die Macht der Gewohnheiten also Menschen manipulieren. Und wo wir gerade beim Thema Manipulation sind – wie trinken Sie eigentlich Ihr Wasser? Gezapft aus der Leitung oder frisch und klar und rein aus der Plastik- oder Glasflasche?
Der Großteil der Bevölkerung unseres Landes ist der Überzeugung, dass im Supermarkt gekauftes Wasser gesünder und weniger schadstoffbelastet ist als das frei und kostenlos verfügbare Leitungswasser. Es wird einfach nicht mehr nachgedacht, sondern routiniert jeden Wocheneinkauf aufs neue der Kasten beziehungsweise der Sixpack PET-Flaschen in den Einkaufswagen gelegt. Man liest das ja so oft und auch die Werbung sagt, dass Mineralwasser kaufen gerade zu

Pflicht ist.

Das Lesen und Hören gibt es nicht, weil die Argumente so stichhaltig sind und unser Leitungswasser so verdorben ist. Nein, die Menschen wurden einfach nur dran *gewöhnt,* dass Wasser aus der Flasche dem Leitungswasser vorzuziehen ist. Es mag tatsächlich vereinzelt Regionen in Deutschland geben, wo Leitungswasser nicht getrunken werden sollte. Aber im Großen und Ganzen könnten wir bedenkenlos Leitungswasser trinken. Dieses wird immerhin streng auf Keime und Schadstoffe geprüft. Bei Flaschenwasser hingegen ist eine strenge Kontrolle nicht Pflicht – und so kann es durchaus möglich sein, dass gekauftes Wasser belasteter ist als das kühle Nass aus dem Hahn.

Wenn ein einzelner Mensch von Ihnen manipuliert werden kann, sich Gewohnheiten anzueignen, wenn ganze Gesellschaften so manipuliert werden können, dass sie einer bestimmten Gewohnheit, die eigentlich gegen jede Vernunft ist, ohne Widerstand und Prostest folgen – sollte dann nicht die logische Schlussfolgerung die sein, dass Sie sich selber ebenfalls so manipulieren können, dass Sie eine bestimmten Gewohnheit ablegen können, ohne dies als Verlust zu bedauern?

Kapitel 2: Der beste Zeitpunkt, um etwas zu verändern, ist … jetzt!

Warum eine Veränderung oft notwendig ist

Wie wir jetzt wissen, besteht ungefähr die Hälfte der Handlungen, die wir am Tage durchführen, aus gewohnheitsmäßig abgespulten Routinen. Viele davon sind nützlich oder sogar äußerst positiv, andere Gewohnheiten hingegen sind nichts als Laster, die wir mit uns herumschleppen. Das Fatale an schlechten Gewohnheiten ist – sie hängen an uns wie extra starker Klebstoff. Denken Sie mal an den letzten Jahreswechsel. Wollten Sie nicht mir dem Rauchen aufhören? Wollten Sie nicht endlich mal wieder Sport treiben? Und was ist mit dem Entschluss, dem Smartphone endlich weniger Aufmerksamkeit zu schenken?

Die Entscheidung, eine oder mehrerer Ihrer schlechten Gewohnheiten endlich und endgültig loszuwerden, wurde wahrscheinlich schnell getroffen. Wahrscheinlich sogar ohne großes Grübeln – denn das schlechte

Gewohnheiten schlecht sind, wissen wir. Wir wissen auch, dass unsere eigenen schlechten Gewohnheiten schädlich für uns, unsere Gesundheit oder unser Umfeld sind.

Gewohnheiten, gleich welcher Natur, haben alle eines gemeinsam: Sie wehren sich mit aller Kraft dagegen, verändert zu werden. Das machen die Gewohnheiten nicht, weil sie per se boshaft sind – sondern weil es sie eigentlich gibt, damit sie uns das Leben erleichtern.

Aus Gewohnheit lassen Sie auf der Autobahn einen (hoffentlich) ausreichenden Sicherheitsabstand. Aus Gewohnheit putzen Sie sich wenigstens zwei Mal am Tag die Zähne. Und aus Gewohnheit gehen Sie abends pünktlich ins Bett, damit Sie am nächsten Tag mit ausreichender Leistungsfähigkeit Ihrer gewohnten Arbeit nachgehen können. All diese Tätigkeiten, und noch viele weitere mehr, erledigen Sie „rein nach Gefühl". Sie brauchen nicht nachzudenken, ob diese Handlungen richtig sind oder gemacht werden *könnten*. Sie führen diese Handlungen einfach aus.

Diese durchaus faszinierende Fähigkeit, die uns die Natur geschenkt hat, ermöglicht es uns, dass wir uns so oft auf unser Gefühl verlassen können – und damit auch fast immer goldrichtig liegen. Der Sicherheitsabstand auf der Autobahn hält Sie am

Leben, die geputzten Zähne bewahren Sie vor Schmerzen, Ausgrenzung und teuren Sanierungsarbeiten und das frühe Zubettgehen erhält Ihren Job (und damit Ihren sozialen Status).

Es wäre fatal, wenn sich unsere Angewohnheiten mal eben so und ohne unseren bewussten Eingriff verändern würden – und daher tun sie es auch nicht. Und wehren sich generell immer gegen jede Art von Veränderung.

Nehmen wir an, eine Gewohnheit würde sich spontan selber abgewöhnen. Sie wachen morgens auf – und müssten all die Angelegenheiten des täglichen Lebens, einem Kind gleich, wieder aufs Neue lernen. Sicherheitsabstand einhalten? Sie würden nicht mal den Wagen ohne größte Denkanstrengungen zum Laufen bekommen. Zähne putzen mal eben nebenher? Keine Chance – jede Bewegung der Zahnbürste müsste vorher durchdacht werden. Eine Mail an den Kollegen schreiben – verlernt. Und warum um 23 Uhr ins Bett, wenn doch auf Netflix wieder mal eine neue Serie läuft?

Es gibt also einen tiefen Sinn darin, dass sich Gewohnheiten so beharrlich halten.

Leider ist diese Halsstarrigkeit unserer Gewohnheiten auch dann vorhanden, wenn wir eine negative

Angewohnheit loswerden wollen.

Haben Sie sich eine Sitzhaltung angewöhnt, die zwar im Büro recht gemütlich ist, aber am Abend und vor allem auf Dauer Rückenschmerzen verursacht? Und haben Sie auch bereits versucht, diese falsche Sitzhaltung wieder loszuwerden? Falls ja, dann wissen Sie bereits, wie viel Geduld und Selbstdisziplin nötig ist, um diese eigentlich banale Handlung so zu verändern, dass Sie schmerzfrei sitzen können. Falls Sie es noch nicht versucht haben – nun, Sie brauchen EINE MENGE Geduld und Selbstdisziplin.

Die große Frage, die wir uns stellen müssen, ist:

Warum sollten wir überhaupt so anstrengende Dinge wie Geduld und Selbstdisziplin durchführen?

Solange unsere schlechten Gewohnheiten nicht überhand nehmen, ist doch alles ok. Und ein Laster braucht doch jeder Mensch, oder?

Es ist vollkommen klar, dass niemand von uns frei von Fehlern oder Lastern ist. Der eine hat sich sein Bierchen am Abend angewöhnt, der andere raucht zu viel und der dritte verbringt zu viel Zeit im Internet. Aber solange wir niemandem damit schaden, wen interessiert's?

Prinzipiell kann man das so halten. Das Bierchen am Abend stört niemanden. Außer vielleicht Ihre Leber. Wird es aber zur Gewohnheit, aus einem Bierchen täglich mehrere Bierchen zu machen, steigen die Probleme, die entstehen, proportional zur verzehrten Alkoholmenge rapide an. Die falsche Sitzhaltung im Büro macht sich, wenn das Alter fortschreitet, wahrscheinlich in einer dauerhaften Schädigung der Wirbelsäule bemerkbar. Dass Rauchen multiple negative Auswirkungen mit sich bringt – nun, dieses Wissen sollte so weit verbreitet sein, dass es nicht mal diese Zeile Text wert sein sollte. Ein zu geringer Sicherheitsabstand auf der Autobahn geht vielleicht lange Zeit gut. Aber irgendwann fehlen die entscheidenden Meter und Sie sitzen den Rest Ihres Lebens gelähmt im Rollstuhl. Oder Sie kommen nach einem Unfall zwar glimpflich davon („Ich habe ja gesagt, ein SUV ist kein nutzloser Straßenpanzer!") – haben aber das Leben einer Familie ausgelöscht.

Wir könnten diese Aufzählung jetzt endlos fortführen, aber, liebe Leser, Sie werden verstanden haben, worauf wir hinauswollen. Auch wenn es uns schwerfällt – es lohnt sich, in den sauren Apfel zu beißen und sich mit Selbstdisziplin und Geduld abzuplagen. Es lohnt sich für Sie, es lohnt sich für Ihre Familie, es lohnt sich für Dritte – und es lohnt sich für unseren Planeten.

Ja, Sie haben richtig gelesen. Unser aller Gewohnheiten sind mit dran schuld, dass wir unsere blaue Kugel, unsere Heimat, ramponiert und geschändet haben. Und zwar in solchen Ausmaßen, dass die Erde kurz vorm Kollaps steht. Wir sind es gewohnt, täglich Auto zu fahren. Täglich Unmengen an Strom zu verbrauchen. Täglich Müll zu produzieren. Wir gönnen uns aus reiner Gewohnheit regelmäßig neues Technikspielzeug – obwohl unser vorhandenes Equipment durchaus nicht kaputt ist. Wir sind es gewohnt, in den Urlaub zu fliegen (und manche von uns sind darüber hinaus noch an zusätzliche Kreuzfahrten gewöhnt). Wir sind auch daran gewöhnt, dass wir unseren Luxus auf dem Rücken des Teils der Weltbevölkerung ausleben, die wir, ganz gewohnheitsmäßig, immerhin einmal pro Jahr mit einer großzügigen Spende von 20 Euro bedenken. Wenn überhaupt, denn eigentlich sind wir es ja gewöhnt, dass es uns gut geht – und anderen Menschen halt nicht. Wir sind dran gewöhnt, in stabilen, sicheren Verhältnissen zu leben und auch dran gewöhnt, dass wir nichts dafür tun müssen, dass das so bleibt. Wählen gehen? Ach quatsch, *ich habe mich dran gewöhnt, dass meine Stimme eh nichts verändern kann*. Und warum sollte man sich an die syrische Flüchtlingsfamilie in der Nachbarschaft gewöhnen? Man ist es doch gewohnt, dass das Wohnumfeld deutsch geprägt ist! Sollen die Flüchtlinge doch zurück in ihr Land gehen. Krieg hin oder her – Hauptsache ist doch, das gewohnte Umfeld bleibt für alle Zeiten gleich.

Denken Sie mal ein wenig über die launischen Zeilen nach. Verstehen Sie, warum wir nicht um Änderungen der Gewohnheiten herumkommen? Ob im Kleinen oder im Großen – eine Veränderung von Gewohnheiten ist nicht zu vermeiden.

Warum haben wir eigentlich Angst vor Veränderungen?

An einem Fluss in einem nicht näher genannten Lande hat sich eine Giftnatter niedergelassen. Sie möchte dringend an das andere Ufer, denn dort wartet der Rest der Schlangensippe. Dummerweise ist die Giftnatter zwar ein gefürchtetes Raubtier – kann aber kein Stück schwimmen. Zufällig kommt ein Otter vorbei geschwommen.

„Hey, Kollege Otter", ruft die Schlange, „wäre es ein Problem für dich, wenn du mich kurz rüber an das andere Ufer bringen würdest? Meine Familie wartet dort auf mich und ich bin des Schwimmens nicht mächtig!"

Der Otter, eigentlich von äußerst hilfsbereiter Natur, ist bei der Bitte der Schlange skeptisch. „Du meinst auch, ich bin blöd, oder? Du bist eine Giftnatter und liebst Otter zum Dessert! Was, wenn ich dich auf die andere Seite des Flusses bringen will und du beißt mich? Dann wäre meine Hilfe mein Tod!"

„Wo denkst du hin, lieber Otter?" entgegnete die Schlange. „Würde ich dich beißen und töten, wäre das doch selbst mein sicherer Tod. Ich brauche nur deine Hilfe – dir wird kein Leid geschehen."

Der Otter überlegt kurz, wägt ab – und stimmt zu. Denn

schließlich sind die Argumente der Schlange durchaus stichhaltig. Der Otter nimmt die Schlange auf seinen Rücken und schwimmt mit ihr gemeinsam los in Richtung des anderen Ufers. Plötzlich, ein großer Teil der Strecke ist schon überwunden, fährt die Natter ihre Giftzähne aus und schlägt sie dem Otter ohne Vorwarnung in den Rücken.

Während das Gift seine Wirkung entfaltete und der Otter mit verzweifelter letzter Kraft gegen seinen sicheren Untergang ankämpfte, rief er der Natter zu: „Was ist nur in dich gefahren? Wieso musstest du mich beißen? Nun sterben wir beide!“

Lakonisch antwortete die Schlange, gerade noch so den Kopf über Wasser: „Nun, mein lieber Otter. Ich bin eine Schlange. Ich tue das, was Schlangen halt tun. Ich beiße Otter.“

Was auf den ersten Blick nur eine nette Fabel ist, entpuppt sich schnell als die Hauptursache dafür, dass wir Menschen uns selten von alleine ändern können. Wir wollen sein, wie wir sind. Und bloß kein Fähnchen im Wind! Und ist es nicht auch genau das, was unsere Gesellschaft auch von uns erwartet? Wir mögen verlässliche Personen, glaubwürdige Menschen, authentische Leute. Und stellen an uns den Anspruch, durch Kontinuität in unseren Handlungen unsere eigene Glaubwürdigkeit zu unterstreichen und auszudrücken.

Wie die Schlange trotz des Wissens um die negativen Auswirkungen ihres eigenen Handelns, so bleiben auch wir uns stets treu. Koste es, was es wolle und selbst wenn es uns unter die Erde bringt – keep it real!

Wollen wir dann doch mal was verändern, so kommt der Freundes-, Bekannten- und Familienkreis einem in schöner Regelmäßigkeit in die Quere.

Sie haben sich auf Diät gesetzt, weil der Bauch immer dicker wird und das Atmen immer schwerer fällt? Und werden den Vorsatz, mindestens 10 Kilo zu verlieren, auch garantiert durchziehen?

Dann haben Sie aber nicht mit Ihrer Oma gerechnet. Die gute Frau feiert nämlich ihren 90sten Geburtstag, und zu so einem Anlass können Sie doch gar nicht Nein zu der Buttercremetorte, den Schmalzplätzchen und dem reichlichen Klecks Sahne sagen. Eine Ausnahme kann man doch mal machen...

Der Kollege aus dem Nebenbüro findet es zwar super toll, dass Sie endlich das Rauchen aufgegeben haben, aber er „hat es ja auch mal probiert, war nicht lang erfolgreich". Außerdem, die eine Zigaretten heute kann man ja wohl nochmal zusammen rauchen. Morgen kann man ja immer noch aufhören...

Man könnte jetzt meinen, unsere Umwelt besteht rein aus gehässigen Mitmenschen, die einem das Ablegen einer Gewohnheit nicht gönnen können. Dem ist allerdings keinesfalls so. Vielmehr haben die Mitmenschen...Angst! Und zwar die Angst oder vielmehr Sorge, dass Sie durch Ihre Verhaltensänderung die Zugehörigkeit zu der Gruppe verlieren. Ein Raucher, der nicht mehr raucht, nimmt schließlich nicht mehr an den geselligen Rauchertreffen in der Raucherecke teil. Und jemand, der auf Omas Buttercremetorte verzichtet...kann der überhaupt noch Teil der Familie sein?

Wir alle haben Angst vor dem Verlust von Zuneigung und dem Alleinsein. Und daher, aus rein egoistischen Motiven, machen wir anderen die Veränderungen so schwer.

Machen Sie sich eines klar: Nur, weil wir eine Gewohnheit ablegen, werden wir kein anderer Mensch! Wir bleiben auch ohne Laster immer noch der, der wir sind.

Um zu verstehen, warum wir so große Angst vor Veränderungen haben, ist es hilfreich, aufzuschlüsseln, was die Auslöser sind.
Eine Gewohnheit abzulegen empfinden wir als belastend und beängstigend, wenn

- die Veränderung nicht das Resultat unserer eigenen Überzeugung ist, sondern fremdbestimmt von Dritten wird. Dies lässt uns als Opfer fühlen.

- wir uns überfordert fühlen, weil wir glauben, der mit dem Ablegen der Gewohnheit eintretenden neuen Lebensumstände nicht gewachsen zu sein

- das Ablegen einer Gewohnheit absolut nicht in unseren Plan vom Leben passt und wir es darum als nachteilig erachten

- zu viele Veränderungen auf einmal von uns verlangt werden

- wir krank sind, müde oder erschöpft

- wir charakterlich gesehen ein Mensch sind, der für sein Sicherheitsgefühl Regeln, feste Strukturen, ja sogar Befehle brauchen

Wir können also festhalten: Gewohnheiten sind nicht nur von Natur aus hartnäckig, stur und wehrhaft gegen jeglichen Versuch der Veränderung. Sie üben auch große Macht über uns aus und sind in der Lage, uns zu verängstigen. Es wird also nicht leicht, eine einmal festgefahrene Gewohnheit wieder loszuwerden. Allerdings haben Sie, werte Leser, eine wirklich schlagkräftige Waffe zur Hand. Diese nennt sich *'Überzeugung'* und meint Ihren festen Willen, einen einmal gefassten Entschluss kompromisslos in die Tat umzusetzen. Derart gestählt und bewaffnet *könnten* Sie jetzt problemlos kleine wie große und in beiden Fällen schlechte Angewohnheiten loswerden.

Das Problem dabei ist, die Waffe der Eigen-Überzeugung muss zunächst aktiviert werden. Den Schlüssel zu dieser Aktivierung, nun, den werden wir in den nächsten Kapiteln gemeinsam herausfinden.

Vier gute Gründe, warum du genau jetzt etwas an deinen Gewohnheiten verändern solltest

„Was du heute kannst besorgen, das verschiebe nicht auf morgen!“ Mal ganz ehrlich, liebe Leser, hassen Sie diesen Spruch auch so sehr? Leider ist der schlaue Spruch aus Großmutters Plauderkästchen so voller Wahrheit, dass wir ihn an dieser Stelle mit in unser Buch aufnehmen mussten. Und da alle Weisheiten nur so weise sind wie der Empfänger der Botschaften, wollen wir Ihre Weisheit nun ein wenig, nun, unterstützen. Und zwar mit der Holzhammermethode. Nehmen Sie die folgende Liste aber bitte nicht allzu ernst!

Ihre Gewohnheiten sind...ekelhaft

Auf einer Internetplattform wurden einst die User nach Ihren unangenehmsten, ja geradezu widerlichsten Angewohnheiten befragt. Vielleicht erkennen Sie sich ja auch bei dem ein oder anderen Beispiel wieder?
Eine Nutzerin beichtete, dass sie die Angewohnheit hat, den Schorf über verheilenden Wunden abzuzupfen. Und zwar immer und generell bei jeder Wunde. Doch damit nicht genug – sie hat auch noch die Neigung, die Schorfreste zu essen. Lecker, finden

Sie nicht auch? Ein weiterer Nutzer ist am Wochenende überzeugter Couchpotato und liebt das ausgiebige Playstation-Spiel von Freitag Abend bis Montag morgen. Dies wäre keine Erwähnung wert, wenn der User es sich nicht zur Gewohnheit gemacht hätte, sich über das komplette Wochenende hinweg die Zähne nicht zu putzen.
Da gibt es Menschen, die nutzen ihre Haare als Zahnseide (ja, wirklich!), welche, die über Tage hinweg keinerlei Körperpflege betreiben oder diejenigen, die ständig in ihrem Bauchnabel nach Flusen pulen. Teilen Sie vielleicht die Gewohnheit mit einer Nutzerin und futtern mit Vorliebe den Inhalt Ihrer Nase?
Sie merken, Gewohnheiten können ganz schön ekelhaft sein. Nicht nur für Ihr Umfeld.

Ihre Gewohnheiten sind...diskriminierend

Als Sie sich neulich das Zigeunerschnitzel bestellt haben und dabei noch gedacht haben, was für ein hübsches Hinterteil die schwarze Bedienung („Früher durfte man ja noch Neger sagen“) doch hat – haben Sie dies wohl möglich aus reiner Gewohnheit getan. Denn was ist denn auch dabei, wenn man beim dem Türken Döner kauft. Ob der Herr nun schon sein ganzes Leben hier lebt oder nicht, ein normaler Deutscher ist das schließlich nicht. Und Frauen in den Führungsetagen? Bei uns im mittelständisch geprägten,

konservativen Deutschland? Ich bitte Sie – was haben denn Frauen im Chefsessel zu suchen. Eine Frau kann schließlich nicht hübsch und intelligent gleichzeitig sein. Dann wäre sie schließlich ein Mann.
Sofern Sie kein sexistisches, rassistisches Arschloch sind wird ihnen wahrscheinlich nicht mal bewusst sein, wie sehr Ihre gewohnheitsmäßig verwendeten Floskeln, Handlungen oder Gesten anderen Menschen zusetzen können. Je mehr Sie sich in der Mehrheitsgesellschaft aufhalten, desto seltener wird ihnen auffallen, wie sehr unsere Sprache geprägt ist von Chauvinismus, Ethnozentrismus, Egoismus und Rassismus. Wir sind es so sehr gewohnt, bestimmte Dinge auf eine bestimmte Art zu denken und auszudrücken, dass wir uns keine Gedanken mehr darüber machen, dass diese Art und Weise Teile der Gesellschaft ausgrenzt. Oder angreift.
Gewohnheiten können ausgrenzen, diskriminieren, verletzen. Dabei wäre es eigentlich so leicht, unsere sprachlichen Gewohnheiten in kleinen Nuancen abzulegen. Eigentlich.

Ihre Gewohnheiten sind...gefährlich

Sofern Sie zu den Menschen gehören, die in stressigen Situation an ihren Nägeln kauen, dann wissen Sie vielleicht, wie schnell sich eine Nagelbettentzündung entwickeln kann. Dieses Zipperlein erscheint auf den ersten Blick recht lächerlich, doch sollte man die Macht der Keime und Bakterien nicht unterschätzen. Haben Sie eventuell mittags den Garten umgegraben und vergessen, sich die Hände zu waschen? Und knabbern dann genüsslich an Ihrem Nagel herum? Nun, Staphylokokken und Co. warten schon darauf, Sie mit den feinsten Seuchen des Erdballs zu überziehen.

Wussten Sie, dass auch nur ein leicht erhöhter Medienkonsum, eine Angewohnheit von vielen von uns, auf kurz oder lang zu chronischen Kopfschmerzen, Stress und sogar Depressionen führen kann? Oder dass ein sitzender Lebensstil, der zur Gewohnheit wurde, für so nette Dinge wie Bluthochdruck, dauerhafte Müdigkeit, Diabetes und auch Krebs führen kann.

Gewohnheiten können tatsächlich ganz schön gefährlich sein. Oder gefährlich werden.

Ihre Gewohnheiten sind...tödlich

Die Zigarette am Morgen, die Zigarette davor, die Zigarette danach – und jeder einzelne Zug bringt Sie näher Richtung Gevatter Tod. Tja, wenn es wirklich eine Gewohnheit gibt, die Sie mit fast absoluter Sicherheit ins Grab bringt (oder alternativ ins Pflegeheim), dann ist es das Rauchen. Von den hunderten Inhaltsstoffen einer Zigarette ist nicht ein einziger auch nur im Ansatz förderlich für ein langes Leben. Im Gegenteil, viele Stoffe im Qualm einer Zigarette legen es geradezu darauf an, Sie umzubringen.

Auch Alkohol, in unserer Gesellschaft der Mittelpunkt einer jeden geselligen Zusammenkunft. Alkohol wirkt nicht nur beeinträchtigend auf unseren Geist, sondern sorgt auf längere Sicht für Wehwehchen wie Bauchspeicheldrüsenkrebs, Fettleber, Wernicke-Enzephalopathie oder das Korsakow-Syndrom. Oder darf es lieber Osteoporose oder ein geschrumpfter Hoden sein? Was auch immer da an Krankheiten durch Alkoholkonsum auf Sie wartet – die meisten davon sind eines: schwerwiegend. Und darüber hinaus leider auch...tödlich.

Nicht wenige von uns schwelgen in schöner Gewohnheit im absoluten Nahrungsüberfluss. Wir sind an süße, salzige, fettige und industriell hoch verarbeitete Speisen gewöhnt – und lieben sie daher so sehr. Nutella zum Frühstück, mittags Pommes mit Majo, nachmittags als Snack ein Eis und abends dann ein paar Scheiben Spanferkel auf Brot – dass das nicht wirklich gesund sein kann, ist uns durchaus bewusst. Während wir voller Genuss in die aufgewärmte Tiefkühlpizza beißen, machen wir uns natürlich auch keine Gedanken drüber, was das eigentlich für ein

Schund ist, den wir da täglich in uns hinein mästen. Aus reiner Gewohnheit (unsere Vorväter hätten das wohl eher als degenerierte Faulheit bezweifelt) suchen wir bei der Nahrungsbereitung gerne den einfachen Weg. Doch was da so gut schmeckt und riecht, wirkt innerhalb des Körpers fatal. Da sorgen schlechte Fette für verstopfte Arterien, chemische Zusatzstoffe lösen Allergien und Unverträglichkeiten aus, Zucker macht unsere Kinder erst dumm und dann fett und dank fast schon perversem Konsum von Palmfett löschen wir ganz nebenher noch ein paar Regenwäldern samt einmaligen Tierarten und Urvölkern aus. Von dem Leid der Massentierhaltung, den unser gewohnter Konsum zwangsweise mit sich führt, schweigen wir hier besser.

Ganz gleich, ob die Gewohnheiten Ihnen oder Ihrer Umwelt schaden – viele Gewohnheiten bringen uns schneller unter die Erde, als uns bewusst ist.

Liebe Leser, eventuell haben Sie ja bereits erkannt, wo drauf dieses Kapitel abzielt. Manchmal muss einem das Offensichtliche einfach mal vor Augen geführt werden, um es überhaupt zu erkennen. Prinzipiell ist das Leben doch auch zu schön, um es rein aus gewohnheitsmäßigen Gründen abzukürzen. Warum sollte man also nicht den Kampf mit den Gewohnheiten aufnehmen und sie besiegen?

Im folgenden Kapitel erhalten Sie die nötigen Waffen, um diesen Kampf aufzunehmen. Machen Sie sich bereit für den Feldzug gegen die Gewohnheiten.

Kapitel 3: „Einmal Erfolg, Motivation, Disziplin zum Mitnehmen bitte!“

Was genau bedeutet eigentlich Erfolg?

Wir haben in den vergangenen Kapiteln den Begriff „Gewohnheiten“ in all seinen Facetten beleuchtet, auseinandergenommen, hinterfragt und den reinen Begriff mit Inhalten gefüllt.

Da Sie aber kein Geld für ein erklärendes Lexikon ausgegeben haben, sondern in diesem kleinen Ratgeber handfeste Tipps erwarten, wie sich eingefahrene Gewohnheiten ändern lassen, werden wir uns ab sofort den Waffen widmen, die Sie für ein Ändern von Gewohnheiten benötigen.

Wenn Sie etwas verändern, wollen Sie damit vor allem eines haben: Erfolg. „Na klar“, werden Sie sich jetzt denken, „selbstverständlich will ich Erfolg haben!“ Haben Sie sich aber auch schon Gedanken gemacht, was „Erfolg“ eigentlich genau heißt?

In der alten Zeit, weit vor der industriellen Revolution, bedeutete Erfolg nichts weiter als die Konsequenz eines Handelns. Würden Sie also nicht im 21. Jahrhundert, sondern um 1750 leben und morgens einen Haferbrei essen, wäre dies bereits ein Erfolg – denn schließlich ist eine Handlung, nämlich das Verspeisen eines Breis, *erfolgt*. Etwas später dann erhielt das Wort Erfolg eine leicht veränderte Bedeutung. Jetzt hatten Sie Erfolg, wenn Sie ein Resultat erzielt haben. Sie haben auf dem Markt ein Schwein gekauft? Dann hatten Sie Erfolg. Sie haben den Haferbrei vollständig aufgegessen? Auch hier hatten Sie Erfolg.

Für das, was wir heute unter Erfolg verstehen, hatte man damals noch andere Begriffe. „Sieg“ oder „Glück“ wurden beispielsweise simultan zum „Erfolg“ verwendet.

Heutzutage ist der Erfolg Teil von aufwändigen Forschungen. Ja, Sie lesen richtig – das Phänomen des Erfolges wird tatsächlich wissenschaftlich betrachtet. Aktueller wissenschaftlicher Stand ist, dass Erfolg (und die Glücksgefühle, die mit ihm einhergehen) viel mit persönlichen Fähigkeiten und wenig mit der Persönlichkeit oder Intelligenz zu tun haben.

Lassen wir die wissenschaftlichen Theorien mal beiseite (diese können Sie bei tieferem Interesse jedoch gerne mal in der Literatur nachlesen, denn das Thema ist extrem spannend) und schauen wir mal, welche Art von Erfolg wir benötigen, um durch den Verzicht auf schlechte Angewohnheiten Glücksgefühle in uns auszulösen.

Man unterscheidet den Erfolg zum einen nach der Zielrichtung und zum anderen nach dem Bezug zum Menschen. Lesen Sie sich die folgende Aufzählung durch und entscheiden Sie dann ganz spontan, welcher genannte Punkt in Ihnen positive Gefühle auslösen würde, wenn Sie eine schlechte Angewohnheit losgeworden sind (diese also erfolgreich abgelegt wurden).

Zielrichtungsorientiert:

- Der Teilerfolg: Ein Ziel wird nicht komplett, sondern nur teilweise erreicht
- Der Achtungserfolg: Das Ziel wird zwar erreicht, der Erfolg bleibt aber relativ zum Primärziel hinter diesem zurück.
- Der Heilerfolg: Eine medizinische Behandlung wird durchgeführt und Sie sind danach wieder gesund.
- Der Scheinerfolg: Ein Ergebnis wird zunächst als Erfolg wahrgenommen, stellt sich im Nachhinein aber als Niederlage heraus.

Mit Bezug zum Menschen:

> Der persönliche Erfolg: Ein positives Resultat hinsichtlich der Erfüllung persönlicher Ziele.
> Der Führungserfolg: Eine Führungskraft leitet das Team erfolgreich und wird befördert.
> Die Realisierung von Zielen im Rahmen von Zielvereinbarungen: Ein Mitarbeiter erfüllt vorher vereinbarte Ziele und erhält daraufhin einen Bonus.

Höchstwahrscheinlich werden Sie sich aus dem Antwortkatalog zielstrebig die Nummer 5, den persönlichen Erfolg, herausgesucht haben. Und in der Tat spielt der persönliche Erfolg die zentrale Rolle beim Ändern von Gewohnheiten. Nehmen wir einmal an, Sie haben durch Ihr Verhalten - beziehungsweise eine Verhaltensänderung - eine schlechte Angewohnheit abgelegt. Sie haben also persönlichen Erfolg erfahren. Dies kann zu einer positiven Verstärkung Ihrer Motivation führen und es wird Ihnen zukünftig leichtfallen, weitere schlechte Gewohnheiten abzulegen. Ist es Ihnen im Umkehrschluss jedoch nicht gelungen, trotz hochgesteckter Ziele eine schlechte Angewohnheit abzulegen, kann dies leider zu einer Demotivation führen. Hierdurch vermeiden Sie zukünftig vollkommen unbewusst alle Handlungen, die zu der Demotivation geführt haben. Sie befinden sich dann im schlechtesten Fall in einer Spirale der Demotivation – und lassen Ihre schlechten Gewohnheiten laufen wie bisher.

Machen Sie sich daher eines bewusst, bevor Sie ernsthaft beginnen, eine Gewohnheit abzulegen: Es geht entweder ganz oder gar nicht. Sie können eine Gewohnheit nicht teilweise ablegen. Sie können eine Gewohnheit auch nicht „nur so dann und wann" ablegen. Entweder behalten Sie Ihre schlechten Gewohnheiten oder legen Sie ab.

Haben Sie Erfolg und erhalten dafür Anerkennung, beispielsweise durch Komplimente nach einer Gewichtsreduzierung, prägt dies Ihr Selbstbewusstsein. Sie werden merken, dass Sie nach dem Einstellen von Erfolg völlig anders durchs Leben gehen werden als zuvor. Wir wollen nicht behaupten, dass Sie durch das Loswerden von Gewohnheiten ein anderer Mensch werden. Sie werden allerdings als anderer Mensch gesehen werden!

Wenn wir möchten, dass unsere schlechten Angewohnheiten zukünftig der Vergangenheit angehören sollen, ist das Verständnis von Erfolg also von zentraler Bedeutung. Damit Sie Erfolg haben, müssen Sie sich aber vorher persönliche Ziele setzen. Gehen Sie in sich und überlegen Sie sich ein realistisches Ziel, was Sie sich als Vorgabe setzen. Dies kann ein Gewichtsverlust sein (einhergehend mit dem Ende der Angewohnheit, abends eine Tafel Schokolade zu vertilgen) oder das Ende der Nikotinsucht. Setzen Sie sich aber keine unrealistischen Ziele. Sie werden keine 10 Kilogramm in einem Monat verlieren (und wenn doch, dann haben Sie nach 3 Monaten garantiert 12 Kilogramm wieder auf den Hüften drauf) und Sie werden auch nicht innerhalb weniger Tage das Verlangen nach einer Zigarette loswerden. Sie können aber durchaus und ohne große Einschränkungen innerhalb von 10 Monaten 10 Kilo verlieren und nach einem Monat rauchfrei sein. Entscheidend für Ihren Erfolg ist jedoch immer – die Motivation.

Warum Motivation der Schlüssel zum Erfolg ist

Unser Ziel ist klar: Wir wollen eine oder mehrere schlechte Gewohnheiten loswerden. Und wir wissen nun, warum wir das wollen – nämlich um erfolgreich eine lebensverkürzende, gefährliche, sinnlose oder beeinträchtigende Angewohnheit ad acta legen zu können. Wie bereits angesprochen, benötigen wir hierzu scharfe Waffen – und eine davon nennt sich Motivation.

Motivation ist primär erstmal eine treibende Kraft, die uns zu zielgerichteten Handlungen veranlasst. Wie ein Motor ein Fahrzeug antreibt, so treibt den Menschen die Motivation nach vorne. Wir sind motiviert, Nahrung und Wasser zu uns zu nehmen. Die treibende Kraft hier ist schlichtweg der Überlebenswille. Werden wir angegriffen, haben wir die Motivation, entweder zu flüchten oder zu kämpfen. Auch hier steckt der Wille zum Überleben hinter dem Antrieb.

Neben dieser instinktiven Motivation verfügen wir auch noch über erlernte Motivation. Im Laufe unseres Lebens haben wir festgestellt, dass gute Leistungen in Schule oder Beruf zu Anerkennung und Lob (und einem prall gefüllten Bankkonto) führen. Wir haben, ganz platt gesagt, das Verhältnis von Aktion und Reaktion in uns verinnerlicht – und sind geradezu süchtig nach dem guten Gefühl, was positive Reaktionen auf unser eigenes Tun auslösen.

Wenn wir zielstrebig auf einen bestimmten Punkt hinarbeiten, bildlich gesprochen „ein Ziel vor Augen haben“, sind wir nicht selten euphorischer Stimmung, ja geradezu beseelt von der Vorfreude auf Erfolg. Diese Stimmung ist kein Produkt unserer Vorstellungskraft, sondern das Resultat eines Botenstoffes in unserem Gehirn – Dopamin.

Dopamin ist ein sogenannter Neurotransmitter, ein Botenstoff, der im vorderen Teil des Mittelhirns produziert und ausgeschüttet wird. Dieser Stoff wird seitens der Wissenschaft dafür verantwortlich gemacht, dass er uns zu immer neuen Leistungen anspornt.

Aktuelle Studien sehen Dopamin als Förderstoff zur Anreizmotivation, der eine Erleichterung von Handlungen zur Folge hat. Weniger wissenschaftlich verklausuliert heißt das: Ein Körper voller Dopamin führt Handlungen wesentlich schneller und zielstrebiger aus als ein Körper, in dem Dopamin nicht ausgeschüttet wurde. Dopamin soll die Vorfreude auf ein erwartetes Ziel steigern – und uns so antreiben, dieses Ziel auch zu erfüllen.

Nehmen wir mal an, Sie haben als konkretes Ziel die Rauchentwöhnung ins Auge gefasst. Als Belohnung für den Verzicht wollen Sie sich etwas ganz Besonderes gönnen. Dies kann ein Urlaub sein, ein neues Hightech-Spielzeug oder auch ein gutes Essen im Luxusrestaurant. Mit diesem Ziel vor Augen lösen Sie ganz unbewusst in Ihrem Gehirn eine Dopamin-Ausschüttung aus – und erleichtern sich selber so den Verzicht auf Nikotin.

Haben Sie ein Ziel erreicht, werden Sie hierfür nochmal extra belohnt. In dem Moment Ihres Erfolges werden Sie nahezu mit körpereigenen Opioiden, den Endorphinen, überschwemmt, die Sie auf die Insel der Glücksseligkeit teleportieren.

Ob wir mit Motivation an eine Sache herangehen oder nicht, entscheidet sich aktuellen Forschungsergebnissen zufolge in einem Areal im Frontallappen der Hirnrinde, dem „orbitofrontalen Cortex". Hier wird ganz ohne Ihr bewusstes Zutun entschieden, ob es sich lohnt, eine bestimmte Handlung durchzuführen oder nicht. Es findet eine Risikoanalyse statt, die bestimmt, ob eine Handlung A mit hoher Motivation durchgeführt wird oder der Alternative, der Handlung B, eher der Vorzug gegeben werden sollte.

Nehmen wir zur Verdeutlichung mal ein Kind namens Luca. Luca wird von seinem Spielkameraden angerufen und gefragt, ob er zum Spielen nach draußen kommt, während gleichzeitig eine wichtige Schularbeit ansteht und hierfür gelernt werden müsste. Während des Anrufes fängt das Gehirn von Luca bereits mit der Abwägung an, welche der beiden Optionen nun die lohnenswertere ist. Je nach erlernter Handlungsweise wird sich Luca nun für das Spiel oder das Lernen entscheiden. Ist Luca es gewöhnt, dass eine Befriedigung von Bedürfnissen immer zeitnah und möglichst ohne viel Aufwand stattfinden muss, wird er zum Spiel tendieren. Hier ist die Motivation die Freude, die das Spiel mit sich bringt. Ist Luca hingegen damit vertraut, dass auf ein Ziel hingearbeitet werden muss, um einen Erfolg zu erzielen, wird er dem Spielkameraden absagen und sich dem Prüfungsstoff widmen. Reagiert der Spielkamerad durch die Absage erbost, kann dies allerdings dazu führen, dass das Lernen weniger motiviert als eigentlich nötig durchgeführt wird.

Denn eines muss beachtet werden: Es ist nicht immer nur die Aussicht auf Erfolg, die uns motiviert. Auch das genaue Gegenteil, die Angst vor dem Versagen oder negativen Erfahrungen (in unserem Beispiel wäre dies die Reaktion des Spielkameraden) kann uns antreiben. Entfernt man sich von einem selbstgesteckten Ziel, kann dies motivierend wirken – aber nur solange, wie wir das Gefühl haben, dieses Ziel irgendwann zu erreichen. Verlässt uns das Gefühl, geben wir die Ziele auf – und die Motivation verschwindet völlig.

Je nach Persönlichkeit dauert es mal länger, mal kürzer, bis wir aufgeben. Ist Luca aus unserem Beispiel ein selbstsicheres Kind, wird er seine selbst gesteckten Ziele durch sein Verhalten erreichen wollen, auch wenn dies negative Reaktionen seitens des Spielkameraden hervorruft. Hat Luca das feste Ziel, eine gute Note zu schreiben, wird er das Lernen dem Spiel vorziehen – auch wenn das Spiel kurzfristig gesehen mehr Freude (und damit eine vorschnelle Ausschüttung von Endorphinen) bringen würde. Ein ängstlicher, verunsicherter Luca hingegen würde den einfachen Weg, nämlich den Vorzug des Spiels gegenüber dem Lernen, wählen. Er würde dann den Spielkameraden nicht enttäuschen wollen und in dem Lernen für die Prüfung kein wichtiges Ziel sehen – und seine Handlung entsprechend anpassen.

Wir müssen, wollen wir eine Gewohnheit loswerden, es also schaffen, uns hierfür zu motivieren. Dies gelingt am besten durch konkrete Zielsetzungen, die möglichst passgenau auf unseren Charakter zugeschnitten sind. Für einen völlig verunsicherten Luca, der in einem

Umfeld groß wird, in dem der Leistungsgedanke nicht über die soziale Hängematte hinaus als erstrebenswert erachtet wird, ist das Ziel, eine gute Note zu schreiben, wahrscheinlich wenig motivationsfördernd. Hier ist das Ziel, nämlich Erfolg in Schule und später Beruf zu haben, viel zu abstrakt und „zu weit weg", als das es sich lohnen würde, hier Arbeit und Energie reinzustecken. Hat man es dann durch die Erziehung noch zur Gewohnheit gemacht, dass Luca jegliches Bedürfnis sofort befriedigt wird – auch ohne sein Zutun, seine Arbeit oder seinen Einsatz – fehlt dem Kind jegliches Rüstzeug, um das Lernen als Ziel zum Erfolg zu sehen.

Wie lässt sich ein Luca denn nun motivieren, die Gewöhnung an eine leistungslose Existenz abzulegen und etwas für seine Zukunft zu tun? Nun, zunächst müssten hier Anreize geschaffen werden. Belohnungen dürften nur noch dann ausgegeben werden, wenn ein Ziel erfüllt wurde. An Lob und Anerkennung hingegen dürfte nicht gespart werden – und das ausgiebig, selbst bei kleinsten Fortschritten. Und nicht zuletzt müsste eine weitere Waffe an Bord geholt werden, ohne die Ziele selten erreicht werden. Diese Waffe wird zwar von den wenigsten Menschen (und von Kindern schon gar nicht) geliebt, aber ohne geht es nicht – der Disziplin.

Ohne Disziplin geht es nicht

Versetzen Sie sich einmal zurück in Ihre Schulzeit. 5. Stunde, Mathe-Klausur. Wovon wird die Note abhängen, die Sie in der Arbeit schreiben werden? Von Ihrem eloquenten Umgang mit Zahlen? Sicherlich. Von Ihrer Intelligenz? Zweifelsohne. Nur werden Sie mit reinem Zahlenverständnis und einem hohen IQ alleine nicht weit kommen, wenn Sie im Vorfeld nicht Disziplin bewiesen und fleißig gelernt haben.

Disziplin – man könnte auch Selbstkontrolle oder Geduld dazu sagen – ist die zentrale Fähigkeit, um eine später erfolgende Belohnung einer sofortigen Belohnung vorzuziehen. Disziplin hat Sie dazu gebracht, sich mit dem langweiligen, trockenen Prüfungsstoff zu beschäftigen (anstelle mit den Freunden Party zu machen). In dem Moment, wo Sie Ihren Kopf in das Mathebuch gesteckt haben, haben Sie sich erfolgreich motiviert – nämlich mit dem Wissen, durch Ihr fleißiges Lernen in der Prüfung glänzen zu können und in der Folge eine tolle Note einzustreichen.

In der Tat gilt in der modernen Forschung Selbstbeherrschung, ergo Disziplin, als Schlüssel zum Erfolg. Und ist wesentlich einflussreicher als Talent oder Intelligenz.

In den 1960er Jahren wurde in den Vereinigten Staaten eine Versuchsreihe durchgeführt, die unter dem Namen „Marshmallow-Experiment“ bekannt wurde. Bei diesem Versuch wurden Kindern durch den Versuchsleiter ein Marshmallow übergeben. Die Kinder wurden vor die Wahl gestellt, die Süßigkeit sofort zu verzehren oder mit dem Genuss zu warten, bis der Versuchsleiter wieder in den Testraum zurückkehrt. In diesem Fall würden die Kinder ein zweites Marshmallow als Belohnung bekommen. Die Kinder wurden also der Versuchung ausgesetzt, entweder eine sofortige, kleine Belohnung oder eine spätere, größere Belohnung zu wählen. Naturgemäß stellte diese Qual der Wahl die Kinder vor eine immense Herausforderung, doch interessanterweise entschied sich die Mehrzahl der Kinder für die zweite Variante mit der späteren, doppelten Belohnung.

Die getesteten Kinder, insgesamt 562 Personen, wurden während Ihrer Entwicklung konstant verfolgt. Nach 20 Jahren konnte man dann feststellen, dass die Kinder, die der Versuchung der sofortigen Belohnung im ersten Experiment widerstehen konnten, unterm Strich allesamt bessere Schulabschlüsse hatten, schlanker waren und weniger Probleme mit Drogen aufwiesen als die Kinder, die das einzelne Marshmallow zur sofortigen Befriedigung gewählt hatten.

Entscheidend für unsere Disziplin, unsere Selbstbeherrschung ist neben der Erziehung in unserer frühen Kindheit vor allem die Technik, mit der wir uns den Verlockungen des Alltags stellen. Und diese Technik lässt sich erlernen! Selbst wenn Sie der vollsten Überzeugung sind, ein absolut disziplinloser Mensch zu sein – Sie liegen gehörig falsch! Eine einfache Taktik, um Verlockungen zu widerstehen, ist, die Verlockungen aus Ihrem Blickfeld zu entfernen. Wenn Sie beispielsweise das Verlangen nach einer Zigarette überkommt, ist es extrem hilfreich, wenn Sie Ihren Blick weder auf die Schachtel mit Zigaretten noch auf ein Feuerzeug richten können. Gleiches funktioniert bei Kalorienbomben während Ihrer Diät oder mit Ihrer Neigung zu erhöhtem Kaffeekonsum. Aus den Augen, aus dem Sinn – wenn es um den Aufbau von Disziplin geht, geht nichts über dieses alte Sprichwort.

Weitere Tipps und Tricks für mehr Selbstbeherrschung finden Sie übrigens weiter hinten in diesem Buch.

Kann man nun denn behaupten, dass Menschen, die diszipliniert durchs Leben gehen, weniger schlechte Angewohnheiten haben als Personen mit wenig Selbstbeherrschung?
Tatsächlich scheint es ja einen engen Zusammenhang

zwischen Disziplin und Lebenswandel zu geben. Disziplinierte Menschen rauchen weniger, trinken weniger, haben ein höheres Einkommen und weniger Schulden. Trotzdem schleppt auch der disziplinierteste Mensch schlechte Gewohnheiten mit sich herum – die das Resultat der Disziplin sind.

Besuchen wir doch mal Herrn Meier. Herr Meier ist Führungskraft in einem mittelständischen Betrieb. Er hat vor langer Zeit dem Alkohol entsagt, ernährt sich rein vegan, verdient doppelt so viel wie der Bundesdurchschnitt und treibt regelmäßig Sport. Auf den ersten Blick ist Herr Meier offenbar völlig frei von schlechten Angewohnheiten. Fragt man jedoch seine Mitarbeiter, wird man hören, dass Herr Meier gewohnheitsmäßig jedes Meeting zu einer persönlichen Ego-Show macht. Durch Mimik, Gestik und Wortwahl werden seine Mitarbeiter gehemmt und bewusst klein gehalten. Oder fragen wir Herrn Meiers Frau. Diese würde uns bestätigen, dass er sie häufig schlägt – er hat sich an die Machtposition in seinem Unternehmen gewöhnt und lebt diese Gewöhnung nun auch zuhause aus.

Wir könnten diese (fiktive Liste) nun endlos fortführen, aber wir denken, Sie, liebe Leser, wissen schon längst, worauf wir hinauswollen. Niemand, wirklich niemand kommt ohne schlechte Angewohnheiten aus. Die Art der schlechten Gewohnheit mag zwar individuell verschieden sein, aber einen Menschen ohne schlechte Angewohnheiten gibt es einfach nicht.

Alles beginnt bereits in der Kindheit

Was Hänschen nicht lernt, lernt Hans nimmermehr, pflegte die Großmutter einst zu sagen. Wie wir jetzt wissen, wird aus einem ungeduldigen, unbeherrschten Hänschen mit einem großen Maß an Wahrscheinlichkeit ein undisziplinierter, genusssüchtiger und zum Hedonismus neigender Hans. Was haben wir als Erwachsene nun von diesem Wissen? Bringt es uns persönlich etwas? Nun, uns vielleicht nicht mehr (denn das Rad der Zeit können wir trotz aller Technik nicht mehr zurückdrehen), aber wir können das Wissen zumindest dafür verwenden, unseren Kindern einen kleinen Schubser in Richtung besseres Leben ermöglichen.

Schauen wir uns einmal Frau Hansen an. Die Mittvierzigerin leidet seit ihrer Jugend unter Übergewicht. Dieses ist nicht krankheitsbedingt, sondern eher das Ergebnis von täglichem Verzehr von Süßigkeiten. Aus reiner Gewohnheit greift Frau Hansen morgens, mittags und abends zu Weingummi und Schokolade und auch die Torte am Sonntag wird nicht ausgelassen. Bereits in ihrer Kindheit war Frau Hansen als Leckermäulchen bekannt, die zu keinem Nutellabrot nein sagen konnte. Man muss hier leider den Eltern einen Vorwurf machen – denn trotz besserem Wissen setzten diese ihrer Tochter Marmeladenbrote, Nutellabrote, Eis und gezuckerte Getränke vor. Und das nicht nur manchmal, sondern täglich. Frau Hansen wurde von dem süßen Geschmack geprägt. Kindheitseindrücke und Erinnerungen vermischten sich in Ihrem Gehirn und konditionierten die Frau so, dass sie diese Vorliebe bis ins fortgeschrittene Alter beibehalten hat. Was als gut gemeinte Aktion der Eltern begann, endete als gewohnheitsmäßige Völlerei.

Oder werfen wir einen Blick auf Herrn Schröder. Der 35jährige hat es geschafft, nicht einen Moment seines Lebens mit Arbeit zu verbringen. Die Schule wurde ohne Abschluss verlassen, eine Ausbildung wurde mal angefangen, aber nach nur wenigen Monaten abgebrochen. Karriere oder Erfolg bedeuten Herrn Schröder nichts – allein das geruhsame Leben in der sozialen Hängematte ist sein Ziel und Erstreben. Es ist keinesfalls so, als wäre Herr Schröder dumm. Er sieht nur keinerlei Grund, sich um einen Job zu bemühen. Die Grundbedürfnisse werden vom Jobcenter abgedeckt, das nötige Extrageld stecken ihm die Eltern zu. Warum morgens aufstehen, wenn man auch liegen bleiben kann?

Interessanterweise hat Herr Schröder noch eine etwa gleich alte Schwester. Diese ist allerdings das genaue

Gegenteil. Sie ist fleißig, strebsam und steht fest im Berufsleben.

Wie kann es sein, dass zwei Kinder von aus dem gleichen Elternhaus so unterschiedlich sind? Nun, auch hier spielen frühe Kindheitserfahrungen eine prägende Rolle. Herr Schröder machte früh die Erfahrung, dass ihm alles ohne Eigeninitiative in den Schoß fällt. Taschengeld wurde in nahezu unbegrenzter Höhe gezahlt, Sanktionierungen bei schlechten Noten blieben aus und selbst der Schulabbruch wurde nur zur Kenntnis genommen – aber weder sanktioniert noch wurde gegengesteuert.

Anders bei der Schwester. Hier wurde frühzeitig Eigeninitiative gefördert, wurde motiviert und dafür gesorgt, dass morgens rechtzeitig zu Schulbeginn das Haus verlassen wurde.

Der entscheidende Moment, der für die völlig unterschiedlichen Lebensläufe verantwortlich ist, fand statt, als die Kinder zwischen 8 und 10 Jahren alt waren. In diesem Jahr ließen sich die Eltern scheiden…

Die beiden Beispiele zeigen auf, wie unsere heutigen Gewohnheiten abhängig sind von Ereignissen und Erlebnissen der frühen Kindheit. Neuronale Vernetzungen, das Ausbilden von Vorlieben und

Abneigungen und natürlich die Entwicklung unserer Gewohnheiten – all dies beginnt, wenn wir das Licht der Welt erblicken.

Und alles endet an der Bahre

Es ist keinesfalls so, als wären Gewohnheiten eine fixe Sache, die wir uns in der Kindheit aneignen und dann den Rest des Lebens mit uns herumschleppen. Gewohnheiten entstehen und verändern sich – mit dem Alter, mit den Lebensumständen und mit dem sozialen Umfeld. Ist es heute noch das Bier, welches Sie gewohnheitsmäßig zum Fußball konsumieren, kann es morgen schon der edle Whisky sein. Waren Sie es früher gewohnt, mit dem Bus zur Uni zu fahren, kann es heute das Auto für den Weg zur Arbeit sein. Selbst im hohen Alter können sich noch neue Gewohnheiten ausbilden. Eine ältere Dame beispielsweise lebte 70 Jahre lang ohne jegliche digitale Technik. Erst gab es kein Facebook und Co., und später wurde es nicht benötigt. Seitdem die Dame jedoch im Altenheim lebt, hat sie es sich zur Gewohnheit gemacht, jeden Morgen nach dem Frühstück ihr Profil zu besuchen – es könnte ja eine Nachricht der Kinder oder Enkel eingetroffen sein.

Es gibt in unserem Leben nur zwei Zeitspannen, in denen wir keine Gewohnheiten entwickeln oder leben: Die Geburt und der Tod. In der gesamten Zeit dazwischen leben, lieben und hassen wir unsere kleinen und großen, guten und schlechten Gewohnheiten. Und da wir hiermit nicht alleine sind, funktioniert unsere, funktionieren alle Gesellschaften auf dem gesamten Planeten nach dem gleichen Prinzip. Ein bisschen Selbstbestimmung, ganz viel Gewohnheit, fertig ist der Mensch.

Kapitel 4: Schluss mit den Ausreden – ab jetzt heißt das Ziel: Veränderung

Den inneren Schweinehund austricksen

Jetzt mal „Butter bei die Fische“: Wie ist das bei Ihnen so mit dem Aufraffen? Würden Sie spontan von sich behaupten, Sie kriegen leicht den Hintern von der Couch hoch, wenn eine unbequeme Aufgabe auf Sie wartet? Oder sind Sie eher der Typ, der sich dem inneren Schweinehund voll und ganz ergeben hat?

Dieser berühmte Schweinehund ist ein Bild für die Anstrengung, die es für viele von uns darstellt, sich gegen den bequemen Weg zu stellen und den unbequemen Weg zu wählen. Einem Wachhund gleich hält er uns davon ab, uns selber zu überwinden. Und bestraft uns für den Versuch mit Konflikten. Natürlich ist es anstrengender, sich nach einem harten Arbeitstag noch ins Fitnessstudio zu bewegen als einfach nur auf die Couch – das weiß auch der Schweinehund und setzt alles daran, uns an die der Couch zu fesseln. Der bequeme Weg geht meist auf den ersten Blick schneller und führt ohne Umschweife zur Belohnung. Warum an den Geräten im Fitnessstudio abstrampeln, wenn es als Alternative Schokolade und Netflix gibt?

Wir müssen uns also einen Weg suchen, den Schweinehund in uns ruhig zu stellen. Wie wir aus dem vorherigen Kapitel wissen, sind unsere schärfsten (und auch einzigen) Waffen im Kampf gegen uns selbst Motivation und Selbstkontrolle. Leider können wir keinen Schalter umlegen und sind darauf der motivierteste Disziplinkönig aller Zeiten.

Um eine Sache auch wirklich durchzuziehen, müssen wir zwei Problemfelder lösen. Zum einen stellt sich immer sofort die Frage, wie man die beschlossene Sache überhaupt anfangen soll. Hat man diese Hürde übersprungen, folgt sogleich die nächste Schwierigkeit. Wie bleibt man kontinuierlich am Ball, wie zieht man den Entschluss denn nun auch wirklich durch? Wie wird man die Gewohnheit bloß los? Oder wie mache ich eine Sache zur Gewohnheit, auch wenn es mir (momentan noch) schwerfällt?

Wir möchten Ihnen einen kleinen Leitfaden zur Hand geben. Dieser 10 Punkte Plan greift allerdings erst dann, wenn Sie Ihr Ziel bereits gesteckt haben. Daher haben wir vorher noch eine Aufgabe für Sie. Holen Sie sich bitte ein Schreibgerät – ein Kugelschreiber eignet sich hervorragend für das Vorhaben.

Setzen Sie sich jetzt ein Ziel, welches Sie unbedingt erreichen wollen.

Gut. Damit dieses Ziel nicht nur eine fixe Idee bleibt, werden wir es jetzt manifestieren und Sie werden es für alle Zeiten hier in diesem Buch festhalten.

Mein Ziel ist es:

Untermauern Sie bitte jetzt das Ziel, indem Sie sich überlegen, aus welchen Gründen und wofür Sie das Ziel erreichen wollen:

Ich kann das Ziel erreichen, weil:

Ich bin davon überzeugt, dass mich das Ziel

____

____

____

____

Der Grund, warum ich genau dieses Ziel erreichen will, ist

____

____

____

____

Sehr gut! Der erste Schritt zum Ablegen einer Gewohnheit oder zum Beginn von einer neuen Lieblingsangewohnheit ist hiermit getan. Nun heißt es, einen Plan aufzustellen, der Ihr Ziel konkretisiert. Die Psychologin Julia Schüler bezeichnete in einem Interview mit dem STERN diesen Plan als „sogenannten Handlungsplan", in dem „nicht nur der generelle Vorsatz [...] sondern ein ganz konkretes Ziel" steht. Wir bevorzugen hingegen den Ausdruck „Drehbuch", denn wie ein guter Regisseur werden Sie in diesem Rahmenplan den zeitlichen Ablauf
der beschlossenen Handlung festhalten.

Eventuell haben Sie ja vor, den Genuss von Kaffee zu reduzieren. Zuviel Koffein ist ja auch ganz eindeutig nicht gesund. Da Sie jedoch nicht auf köstliche

Heißgetränke verzichten wollen, möchten Sie anstatt Kaffee lieber zu Tee greifen. Ihr Drehbuch für dieses Vorhaben lautet also wie folgt:

Ab sofort werde ich täglich um 7 Uhr morgens einen Tee anstelle von Kaffee aufbrühen. Den nächsten Tee genehmige ich mir in der Mittagspause, nach der Mahlzeit. Am Nachmittag werde ich mir einen weiteren, letzten Tee aufbrühen.

Damit Sie dieses Drehbuch immer griffbereit haben, nehmen Sie nun wieder Ihr Schreibgerät zur Hand und füllen Sie bitte vor dem Weiterlesen die folgenden Zeilen aus.

Mein Vorsatz:

____

____

Mein festes Ziel:

____

____

Beginn:

____

____

Es ist vollkommen gleichgültig, welches Ziel Sie nun

definiert haben. Egal, ob Sie weniger rauchen, mehr Sport treiben oder abends früher ins Bett gehen wollen – der Trick des Handlungsplans wird immer funktionieren. Für Ihr Gehirn ist beziehungsweise war nun das Erstellen des Drehbuches die große, willentliche Anstrengung – und nicht der Inhalt. Sie haben also jetzt, in dem Sie unser Buch mit Ihrem Willen gefüllt haben, eine der größten Hürden auf Ihrem Weg überwunden. Faszinierend, finden Sie nicht auch?

Eine Sache haben Hürden so an sich. Sie sind boshafte Stolperfallen, die einen auch unvermutet hart zu Fall bringen können. Für uns heißen diese Stolperfallen Hindernisse. Sie stellen sich uns immer dann besonders gerne in den Weg, wenn wir gerade so richtig gut in Schwung sind und unser Vorhaben mit größter Motivation durchziehen.

Wir werden daher den Stolperfallen zuvorkommen und eine Erweiterung unseres Drehbuches durchführen. Wir erstellen uns nun einen Plan, der beinhaltet, wie Sie auf zukünftige Hindernisse auf Ihrem Weg zum Erfolg blockiert werden könnten – und wie Sie auf die Hemmnisse reagieren.

Ein Beispiel: Sie haben gerade von einem guten Freund oder einer guten Freundin eine Einladung zu einem

Restaurantbesuch bekommen. Das Fatale dabei: Sie haben sich eine strikte Fastenzeit für mehrere Wochen verordnet und sollten nun aktuell jedem Restaurantbesuch entsagen. Wie würden Sie in der Situation reagieren? Wie würden Sie den inneren Zwiespalt zwischen Schweinehund und Motivation lösen? *„Einmal ist keinmal. Und gute Freunde sieht man doch sonst so selten"* steht gegen *„Ich habe 30 Tage durchgehalten. 10 Tage muss ich noch. Einknicken kommt jetzt nicht in Frage."*

Kommen Sie spontan in eine Situation wie oben geschildert, wird der Schweinehund zumeist der stärkere sein. Die kurzfristige Belohnung – ein gutes Essen mit guten Freunden – ist in der spontanen Offensive stark. Die reinigende, stärkende und gesundheitsfördernde Wirkung einer Fastenkur hingegen offenbart sich erst spät – und hat wenig überzeugende Strahlkraft. Zumindest, wenn Sie unvorbereitet eine derartige Entscheidung treffen sollen. Setzen Sie sich jedoch schon im Vorfeld mit möglich eintreffenden Hindernissen auseinander, so sind Sie vorbereitet. Und werden wesentlich häufiger Ihrem gefassten Plan folgen.

Nehmen Sie nun bitte wieder Ihr Schreibgerät und halten Sie fest, was Sie von Ihrem oben gesteckten Ziel abbringen könnte – und wie Sie dafür sorgen können, dass Sie Ihre Zielsetzung auch bewältigen können.

Was könnte mich von meinem Ziel abhalten?

So reagiere ich darauf:

Was könnte noch passieren?

So reagiere ich da auch souverän drauf:

Und da aller Hindernisse drei sind...?

Meine Reaktion ist:

Was du heute kannst verändern, das verschiebe nicht auf morgen!

Gewohnheiten sind, wie wir wissen, ziemlich anhängliche Angelegenheiten. Und zäh dazu, denn sie haben absolut keinerlei Interesse daran, sich verändern zu lassen. Und wir machen wenig dafür, die Veränderungen aktiv anzugehen. Wir fassen zwar gerne Vorsätze – verschieben diese aber immer und immer wieder. Für dieses Vorgehen hat sogar die Wissenschaft ein eigenes Wort gefunden: Prokrastination, auf Deutsch auch „Aufschieberitis“ genannt. Doch warum verschieben wir ungeliebte Aufgaben, und hier gehört eindeutig auch das Ablegen alter Gewohnheiten dazu, so gerne und so häufig?

Die Antwort ist mehr als banal. Verschieben ist einfach – einfacher.

Wir nehmen es uns täglich vor: „Heute ist endgültig Schluss mit dem Rauchen“ oder „Ab sofort esse ich keine Süßigkeiten mehr vor dem Fernseher“. Der Wille ist zweifelsohne vorhanden – die Umsetzung hingegen lässt meist sehr zu wünschen übrig.

Das Grundproblem vieler von Aufschieberitis betroffener Menschen ist, dass sie Schwierigkeiten damit haben, Prioritäten zu setzen. Ihr Selbstwertgefühl schöpfen diese Menschen aus dem Erfolg – und um dieses Gefühl zu erhalten, brauchen sie schnelle und kurzfristige Erfolgserlebnisse. Schnellen Erfolg erzielt man, Sie werden es ahnen, halt am einfachsten, wenn man den bequemen Weg geht.

Prokrastinierer neigen dazu, kurzfristige Belohnungen höher zu bewerten als Erfolge, die irgendwo in einer diffusen Zukunft liegen. Daher werden Tätigkeiten oder Handlungen, die einen schnellen Erfolg versprechen, immer den eigentlich wichtigen (aber anstrengenden, unangenehmen) Aufgaben vorgezogen.

In einer großen Studie von der Universitätsmedizin Mainz mit knapp 2600 Versuchspersonen wurde herausgefunden, dass Prokrastination in unserer Gesellschaft extrem weit verbreitet ist – und leider krank macht. Aufschieberitis führt zu Arbeitslosigkeit oder geringerem Einkommen, zu erhöhtem Stress, Einsamkeit und Depression. Klar – wer sich in Kleinigkeiten verzettelt, der löst die großen Aufgaben ja nicht. Im Gegenteil. So lange wir große Ziele vor uns herschieben, türmen diese sich immer mehr auf – und müssen dann irgendwann mit wesentlich größerem Aufwand angegangen werden.

Auch hier ist das Rauchen wieder eines der besten

Beispiele. Klar können Sie Ihr Ziel – mit dem Rauchen endlich aufzuhören – immer weiter in die Zukunft verschieben. Aktuell ist es ja auch einfach angenehmer, in der Pause mit den Kollegen gemütlich eine Zigarette zu rauchen. Oder auch zwei oder drei, es quatscht sich ja schließlich so nett in der Raucherecke. Allerdings werden Sie in einigen Jahren oder Jahrzehnten doch von der Notwendigkeit der Rauchentwöhnung eingeholt. Entweder, weil Sie mit Lungenkrebs im Krankenhaus liegen, Ihnen ein Raucherbein abgenommen werden muss oder Sie an akuter Luftnot leiden. Sie haben zwar im Hier und Jetzt gut mit der Zigarette gelebt – für Ihre Zukunft ist das Aufschieben des Rauchstopps allerdings fatal.

Damit Sie zukünftig keine Ausreden mehr haben, warum Sie eine schlechte Gewohnheit nicht sofort verändern sollten, haben wir Ihnen eine kleine Übersicht zusammengestellt. Diese Sammlung von nützlichen Tipps kann und soll Ihnen dabei helfen, Ihre Ziele möglichst zielgerichtet und zeitnah in Angriff zu nehmen.

Gestartet wird sofort!

Der Countdown läuft: Wer sich etwas vornimmt, muss innerhalb von 72 Stunden damit beginnen. Ansonsten sinkt die Chance, überhaupt jemals anzufangen, auf nahezu null. Worauf warten Sie also? Fangen Sie jetzt an!

Planen Sie – und zwar konkret!

Je genauer und detaillierter Sie die Planung einer Veränderung angehen, desto geringer ist die Wahrscheinlichkeit, dass Sie von den Plänen Abstand nehmen. Wollen Sie also regelmäßig Sport treiben, nehmen Sie sich nicht vor, dass Sie Sport treiben. Nehmen Sie sich vor (und halten Sie dies am besten auch schriftlich fest), dass Sie an einem Wochentag um eine ganz bestimmte Uhrzeit an einem festen Ort dem Sport nachgehen.

Bleiben Sie realistisch!

Sie wollen gleich eine ganze Liste schlechter Gewohnheiten verändern? Das ist zwar löblich, aber könnte Sie auch überfordern. Gehen Sie daher in kleinen Schritten vor. Legen Sie zunächst eine Gewohnheit ab und kümmern Sie sich dann um die nächste. Sie werden merken, dass so das Gefühl, einen unüberwindlichen Berg vor sich herzuschieben, verschwindet.

Belohnen Sie sich für Teilerfolge!

Sie sind nun eine ganze Woche schon Nichtraucher? Sie haben es zwei Monate lang geschafft, Netflix ohne Weingummi zu schauen? Glückwunsch – Sie haben eine ganze Menge erreicht. Auch wenn vielleicht das endgültige Ziel noch auf sich warten lässt: Belohnen Sie sich trotzdem regelmäßig mit Kleinigkeiten. So halten Sie sich selber bei Laune. Und erhöhen nebenbei noch den Spaß an der Veränderung!

Gehen Sie an die Öffentlichkeit!
Nein, Sie sollen nun keinen Blog schreiben und auch keinen Newsfeed durch die sozialen Medien schicken, wenn Sie mit dem Rauchen aufhören wollen. Sie sollen bloß Ihr engeres und weiteres Umfeld über das Vorhaben informieren. Diese „soziale Kontrolle" hilft immens dabei, dass Sie sich auf das Ziel konzentrieren und am Ball bleiben.

Zugegeben, diese 5 Tipps sind nur ein kleiner Ausschnitt an Möglichkeiten, die man zur Vermeidung von Aufschieberitis anwenden kann. Aber – und das ist schließlich das wichtigste – diese 5 Tipps sind extrem effektiv. Natürlich, und so viel Ehrlichkeit muss sein, sind die genannten Tipps kein Garant für Ihren Erfolg. Verstehen Sie die Hinweise daher vielmehr als einen kleinen Leitfaden zum Beenden der nervigen Aufschieberitis.

Verändern mit System – Eine kleine Anleitung

So schnell kann es gehen. Sie haben sich erfolgreich durch unseren kleinen Ratgeber gelesen und sind tatsächlich im letzten Kapitel, bevor es wirklich ernst wird, angelangt. Zeit für eine kleine Rekapitulation! Wir wissen jetzt, dass Gewohnheiten unseren Alltag dominieren. Das tun sie, weil unser Gehirn ein echter Sparfuchs ist und möglichst wenig Energie mit Denkprozessen verschwenden will. Gewohnheiten helfen uns durch den Tag, sie können genauso nützlich wie schädlich sein. Schlechte Angewohnheiten, die wir alle mit uns herumtragen, beginnen bereits in unserer Kindheit, bilden sich aber auch immer wieder neu und entsprechen dem sozialen Status, den wir innehaben. Gewohnheiten sind auch zähe Biester – sind sie einmal in uns drin, werden wir sie nur schwer wieder los. Schwer heißt zum Glück nicht unmöglich, denn wir kennen ja nun die Wege zum Erfolg und die Waffen, um unseren inneren Schweinehund kaltzustellen. Motivation und Disziplin heißen diese Waffen und wer mit ihnen umgehen kann, hat bereits den ersten Schritt in die richtige Richtung getan.

Im nächsten und finalen Kapitel dieses Buches wird eine recht große Herausforderung auf Sie warten. Was

Sie bisher theoretisch gelernt haben, werden Sie mit dem nächsten Kapitel umsetzen. Sie werden zum Erreichen der von Ihnen gesteckten Ziele etwas mehr als zwei Monate brauchen – warum, das werden wir Ihnen später noch erklären. Damit Ihnen auf der Zielgeraden auch bloß nicht die Luft wegbleibt, möchten wir Ihnen vor der großen Herausforderung noch eine kleine Trainingseinheit ans Herz legen. Diese Trainingseinheit nennt sich „Mein Weg zu mehr Selbstdisziplin" und soll Ihnen unterstützend dabei helfen, die abschließende Challenge ohne große Probleme zu meistern.

Sind Sie bereit? Gut. Ab sofort sind Sie in unserem Trainingslager angekommen. Wir wünschen Ihnen viel Spaß!

Trainingseinheit 1: Etwas Unschönes vornehmen

Suchen Sie sich mehrere Aufgaben für die kommenden sieben Tage. Diese Aufgaben sollte etwas beinhalten, was Sie nicht unbedingt gerne machen und was ziemlich viel Willenskraft und Überwindung fordert. Dinge wie das Bad reinigen, Vokabeln lernen, Fenster putzen oder die Schublade mit den alten Fotos aufräumen eignen sich hervorragend. Spüren Sie eine innere Abneigung gegen Ihre Vorhaben? Haben Sie schon bei dem Gedanken daran keine wirkliche Lust, die Vorhaben auch durchzuziehen? Exzellent. Sie sind auf dem richtigen Weg! Merken Sie sich Ihre Vorhaben gut – Sie werden sie gleich noch benötigen. Haben Sie sich einige Ziele gesetzt, ist die erste Trainingseinheit auch schon beendet und Sie können mit Teil 2 fortfahren.

Trainingseinheit 2: Von klein zu groß

Sicherlich haben Sie sich in der ersten Trainingseinheit mehrere Dinge überlegt, die zu erledigen sind. Nun sollen Sie diese Vorhaben der Schwierigkeit nach ordnen. Beginnen Sie mit dem Vorhaben, welches Ihnen am leichtesten fällt. Idealerweise haben Sie sich etwas vorgenommen, dass Sie schon eine ganze Weile herausgezögert haben. Ein unangenehmes Telefonat zum Beispiel. Oder das Kündigen Ihres Mobilfunkvertrages. Oder, oder, oder…

Versuchen Sie gedanklich, Ihre Vorhaben für diese Woche in eine Reihenfolge zu bringen, die leicht anfängt und zum Finale hin mit einem echten Sieg über Ihren Schweinehund enden sollte. Fertig mit dem Sortieren im Kopf? Herrlich – damit haben Sie diese Trainingseinheit auch schon absolviert. Sie scheinen ja wirklich von der ganz schnellen Sorte zu sein!

Trainingseinheit 3: Vertragswerk erstellen

Sie sind ja bereits dran gewöhnt, dieses Buch mit Ihren Notizen zu füllen. Daher wird Ihnen diese Trainingseinheit auch besonders leichtfallen. Sie finden im Folgenden eine praktische Wochenübersicht. Notieren Sie hier bitte Ihre Ziele, die Sie sich im Rahmen unseres Trainings gesteckt haben. Denken Sie dabei unbedingt an die zweite Trainingseinheit.
Das Aufschreiben hat einen dreifachen Sinn. Als erstes dienen Ihnen die Notizen als Gedankenstütze. Was man im Buch hat, braucht man nicht im Kopf zu haben – und was man notiert hat, wird nicht so schnell vergessen. Weiterhin dienen die Notizen als ein kleiner Vertrag mit Ihnen selbst. Sie stecken die Ziele ab, Sie verfolgen die Ziele und Sie werden die Ziele erfüllen.

Der dritte Grund für das Aufschreiben: Es wird Sie glücklich machen. Vor jeder Tagesaufgabe finden Sie ein kleines Kästchen, das Sie immer dann mit einem Häkchen versehen dürfen, wenn Sie Ihre Tagesaufgabe erfüllt haben. Erinnern Sie sich noch an den Trick mit den kleinen, kurzfristigen Belohnungen? Nun, denken Sie einfach mal an das tolle Gefühl, was entsteht, wenn wir eine Hürde überwunden haben. Sie haben nun die Möglichkeit, dieses Wohlgefühl ganze sieben Mal zu generieren! Auf geht's!

Tag 1 – Mein Vorhaben:

Tag 2 – Mein Vorhaben:

Tag 3 – Mein Vorhaben:

Tag 4 – Mein Vorhaben:

Tag 5 – Mein Vorhaben:

Tag 6 – Mein Vorhaben:

Tag 7 – Mein Vorhaben:

Trainingseinheit 4 – Belohnen Sie sich

Diese Trainingseinheit ist nicht grundlos die beliebteste Einheit überhaupt. Denn nun dürfen Sie sich überlegen, wie Sie sich für die sieben Vorhaben belohnen. Wir erweitern also den geschlossenen Vertrag um sieben schöne Dinge, die Sie sich gönnen, wenn Sie eine Aufgabe erfolgreich gemeistert haben. Diese Belohnungen müssen nichts Großes darstellen – Hauptsache, sie machen Ihnen Spaß und Freude. Wie wir ja wissen, sind wir immer dann motiviert, wenn eine Belohnung für unser Tun in Aussicht gestellt wird. Mit dem doch recht abstrakten Ziel, das Training hier erfolgreich zu absolvieren, kann man sicherlich wenig Schweinehunde hinter dem Ofen hervorlocken. Aber mit einem Restaurantbesuch, der auf einen Hausputz folgt oder einer Tafel Schokolade als Belohnung für ein aufgeschobenes und dann doch erledigtes Telefonat wird auch der garstigste Köter zum zahmen Schoßhund. Nehmen Sie sich also wieder Ihr Schreibgerät und definieren Sie sieben Belohnungen, die bei Erledigung der sieben Vorhaben eintreten.

Tag 1 – Meine Belohnung:

Tag 2 – Meine Belohnung:

Tag 3 – Meine Belohnung:

Tag 4 – Meine Belohnung:

Tag 5 – Meine Belohnung:

Tag 6 – Meine Belohnung:

Tag 7 – Meine Belohnung:

Trainingseinheit 5 – Wiederholung (optional)

Sofern Sie nicht alle gesteckten Ziele Ihrer Trainingswoche erfüllt haben – kein Problem. Bekanntlich wachsen wir mit jedem Scheitern. Filtern Sie daher aus der obenstehenden Liste die Aufgaben, die Sie nicht erfüllt haben und gehen Sie diese erneut an. Sie können auch eine Aufgabe in diversen Schwierigkeitsstufen erneut angehen. Sind Sie zum Beispiel dran gescheitert, dass Sie Ihre Fenster nicht wie geplant geputzt haben, machen Sie sich einen neuen Plan – und zwar über mehrere Tage. Der erste Tag beginnt dabei mit einer dem Fensterputzen ähnlichen Tätigkeit, zum Beispiel dem Reinigen des Badezimmerspiegels. Die folgenden Tage füllen Sie ebenfalls mit ähnlichen Tätigkeiten, wobei jeder weitere Tag eine größere Herausforderung und Anstrengung darstellen sollte als der vorherige. Durch dieses langsame, aber stetige Ansteigen der Anforderungen zähmen Sie Ihren inneren Schweinehund mit Sicherheit!

Herzlichen Glückwunsch! Ihre erste Trainingswoche ist vorbei. Wir hoffen, Sie sind mit den von Ihnen erzielten Ergebnissen zufrieden. Bevor wir uns jedoch daranmachen können, mit einer Challenge eine oder mehrere Ihrer Gewohnheiten ablegen und so für mehr Erfolg in Ihrem Leben sorgen zu können, möchten wir

Ihnen noch kurz einige Möglichkeiten aufzeigen, die das Training zu mehr Selbstdisziplin erweitern können. Die nachstehend genannten Tipps und Tricks können Sie als Ergänzung zu der ersten Trainingseinheit verstehen, sie eignen sich aber auch hervorragend, um die anstehende Challenge zu meistern.

Tipp 1: Die umgekehrte Prokrastination
Alles ist uns lieber, als eine unangenehme oder anstrengende Aufgabe durchzuführen. Wie praktisch, dass wir uns hier ganz einfach selbst übers Ohr hauen können. Wartet eine unangenehme Aufgabe auf Sie, dann prokrastinieren Sie ruhig – aber mit noch wesentlich unangenehmeren Aufgaben. Klo putzen, den Siphon in der Spüle reinigen oder die Schwiegermutter besuchen – kaum stehen solche Aufgaben auf der Agenda, wird Ihnen die eigentliche, unangenehme Hauptaufgabe wie Urlaub vorkommen.

Tipp 2: Belohnen, belohnen, belohnen
Wir können es gar nicht oft genug betonen: Belohnungen motivieren unglaublich. Setzen Sie sich daher bereits zu Beginn der Woche eine kurzfristige Belohnung für das kommende Wochenende. So können Sie fünf Tage am Stück von der Vorfreude zehren. Ganz getreu dem Motto: „Was soll‘s. Das ziehe ich jetzt durch – das Wochenende wird toll!“

Tipp 3: Unterstützung suchen

Gerade die besonders ungesunden Angewohnheiten sind die hartnäckigsten. Egal, ob es sich um das Rauchen handelt, ob Sie mehr Sport treiben oder weniger Süßes essen wollen: Alles geht im Team einfacher. Suchen Sie sich daher Verbündete, die Sie in Ihrem Kampf gegen alte Gewohnheiten unterstützen. Geteiltes Leid ist schließlich halbes Leid, und auf eine Zigarette zu verzichten fällt leichter, wenn man von Leidensgenossen umgeben ist. Auch enge Freunde und Verwandte können eine super Unterstützung Ihres Vorhabens sein!

Die 70 Tage Challenge

Grau, grau ist alle Theorie… und daher werden wir nun damit beginnen, innerhalb von knapp zweieinhalb Monaten eine Ihrer Gewohnheiten, die Sie unbedingt ablegen möchten, loszuwerden. Und zwar endgültig. Versprochen.

Sicherlich werden Sie sich fragen, woher wir auf die Zahl von 70 Tagen kommen. Nun, es gibt empirische Forschungen, die belegen, dass jeder Mensch rund 70 Tage benötigt, um eine Gewohnheit abzulegen beziehungsweise aus einer Handlung eine gewohnheitsmäßige Routine zu machen. Konkret gesagt sind es übrigens nur 66 Tage, die benötigt werden. Wir allerdings haben uns für die letzten 4 Tage noch einen kleinen „Verstärker" überlegt – sicher ist sicher!

Das Ganze wird sich weder als Hexenwerk noch als besonders aufwendig gestalten. Sie benötigen zu der Durchführung einzig und allein nur Ihr Schreibgerät und dieses Buch. Natürlich sollten Sie auch den festen Wunsch mit sich herumtragen, die schlechte Angewohnheit auch wirklich loswerden zu wollen und so Ihr Leben um einiges angenehmer zu gestalten. Ohne den festen Willen wird es ansonsten wesentlich schwieriger!

Wir teilen die Challenge in Wochen auf. Diese Wochen sind wiederum in die einzelnen Tage gegliedert. An jedem Tag bekommen Sie entweder eine kleine Aufgabe, eine Motivationsspritze oder einen disziplinarischen Schubs in die richtige Richtung. Ein kleiner Tipp: Sofern es Sie große Überwindung kostet, dieses Buch mit Ihren Notizen zu füllen (weil Sie es weiter verschenken wollen oder Sie aus Prinzip niemals in Bücher schreiben), kopieren Sie sich diese Challenge und nutzen Sie die Kopien für Ihre Aufzeichnungen.

Die Challenge ist – so viel Ehrlichkeit vorweg muss sein – kein Allheilmittel und auch kein Garant dafür, dass Sie Ihr Ziel erreichen. Schließlich ist dieses Buch auch nur eine Ansammlung von Buchstaben, die eine Idee formen. Dieses Buch ist kein Zauberbuch (und ich bin auch nicht Harry Potter) – allerdings ist diese Challenge einem strengen Test unterzogen worden. Wie Sie vielleicht bemerkt haben, wurde in den letzten Kapiteln oft das leidige Thema Rauchen als Beispiel verwendet. Dieses Laster diente mir als ultimative Herausforderung für eine Challenge. Und, soviel sei verraten, ich rauche nicht mehr. Es hat mich knapp zwei Monate meines Lebens gekostet, ein Laster loszuwerden, was mich mehr als 20 Jahre begleitet hat. Und was ich schaffe, liebe Leser, das schaffen Sie auch!

Mit Leichtigkeit!

Sind Sie bereit? Dann nehmen Sie sich nun Ihr Schreibgerät zu Hand, atmen Sie noch einmal tief durch und stürzen Sie sich in die lebensverändernden 70 Tage, die auf Sie warten. Wir wünschen Ihnen viel Spaß!

Woche 1 / Tag 1

Heute ist der Tag, an dem Sie Ihren Entschluss final festlegen werden. Wir freuen uns, dass Sie diesen Weg gemeinsam mit uns gehen wollen. Sie können und sollen nun zu allererst Ihr Ziel definieren. Welche Gewohnheit wollen Sie ablegen (oder sich antrainieren)? Eventuell ist es ja das Ziel, welches Sie in dem vorherigen Kapitel bereits aufgeschrieben haben. Was dort noch als kleiner Test fungiert hat, kann nun die von Ihnen selbst gesteckte Herausforderung werden. Natürlich steht es Ihnen völlig frei, was Sie sich als Ziel der Challenge setzen. Wichtig ist nur, dass Sie sich genau ein Ziel definieren. Nicht zwei, nicht drei, nein, in der folgenden Zeile stecken Sie sich das Ziel mit der allerhöchsten Priorität.

Mein Ziel ist:

____

____

Super! Der Beginn ist gemacht. Nun heißt es, dieses Ziel auch in die Tat umzusetzen. Erinnern Sie sich noch an die beiden Waffen, die Sie zum Erreichen Ihrer Ziele benötigen? Ja, genau – Motivation und Disziplin. Unser erster Tag der Challenge beinhaltet also das Notieren Ihrer persönlichen

Motivationsgründe.

Ich will mein Ziel erreichen, weil

____

____

Ich werde dieses Ziel erreichen, denn

____

____

Auch wenn es mich viel Anstrengung und Kraft kostet, weiß ich, dass

____

____

____

____

Perfekt. Nun haben Sie ein Ziel vor Augen und noch die Begründungen, warum Sie diesen Erfolg unbedingt für sich verbuchen möchten. Doch was wäre das Leben ohne Belohnungen? Notieren Sie also noch, was Sie sich gönnen möchten, wenn Sie das Ziel erfolgreich erreicht haben.

Ich werde mich mit folgendem für die Strapazen der Challenge belohnen:

____

____

Kaum zu glauben, aber wahr: Sie haben den ersten Tag bereits erfolgreich gemeistert! War doch eigentlich ganz leicht, oder? Lehnen Sie sich zurück und freuen Sie sich auf morgen!

Woche 1 / Tag 2

Willkommen zurück in der Challenge Ihres Lebens! Wir hoffen, Sie haben gut geschlafen und sind ausgeruht und motiviert für den nächsten Tag und die nächsten Herausforderungen. Holen Sie Ihr Schreibgerät – Sie sind nun wieder gefordert.

Mein Entschluss steht immer noch so felsenfest wie gestern, denn

____

____

Was habe ich seit dem Start gestern bereits alles erreicht?

____

____

Was lief gut?

____

____

Und was hat mich eventuell frustriert?

____

____

Sie sehen, dass Sie bereits eine ganze Menge erreicht haben! Immerhin haben Sie sich willentlich gegen bestehende Gewohnheiten gestemmt und Ihrem Gehirn somit gezeigt, wer ab sofort in Ihrem Körper das Sagen hat! Wahrscheinlich wird sich der innere Schweinehund in Kürze bei Ihnen melden (falls er das nicht bereits getan hat). Für diesen Fall notieren Sie sich bitte nun noch Ihren ganz persönlichen Motivationsspruch des Tages:

____

____

____

____

____

Woche 1 / Tag 3

Heute ist der schwerste Tag dieser Woche. Denn erfahrungsgemäß sinkt man bereits nach nur zwei Tagen in ein leichtes Loch der Motivationslosigkeit. Doch gegen dieses kleine Formtief haben Sie ja ein probates Medikament: Dieses Buch.

Schauen Sie sich nochmal Ihr Ziel an, was Sie am ersten Tag der Challenge aufgeschrieben haben. Ist es dieses Ziel nicht wert, sich mit kleinen Formtiefs herumzuschlagen? Ihr heutiges Tagesziel nennt sich „Verstärker“. Hierzu benötigen Sie ein Objekt Ihrer Wahl, was Sie fortan an Ihr Ziel erinnern soll. Möchten Sie beispielsweise mehr Sport treiben, so könnte das Objekt Ihr Trainingsschuh sein, den Sie neben der Eingangstüre platzieren. Beim Blick auf die Schuhe denken Sie ganz automatisch an Ihr Ziel – und haben es wieder vor Augen, ohne groß darüber nachdenken zu müssen.

Definieren Sie nun Ihren persönlichen Verstärker:

____

____

Es ist vollkommen egal, was Sie als Verstärker wählen. Wichtig ist allein die mentale Verknüpfung in Ihrem Kopf.

So weit bin ich bereits meinem Ziel entgegengegangen:

____

____

Das hat mich heute besonders gefreut:

____

____

Das hat mich meinem Ziel nähergebracht:

____

____

Diese Schwierigkeiten haben sich mir in den Weg gestellt:

____

____

Und so konnte ich die Schwierigkeiten meistern:

____

____

Woche 1 / Tag 4

Hey, es ist tatsächlich schon Bergfest. Seit Ihrem Entschluss, Ihr Leben positiv zu verändern, sind bereits vier Tage vergangen. Sie können stolz auf sich und Ihre Leistung sein. Wir hoffen natürlich, dass Sie Ihr Ziel immer noch so fest vor Augen haben wie am ersten Tag!

Heute ist es an der Zeit, dass Sie sich noch einmal mit der genauen Zielsetzung beschäftigen. Notieren Sie bitte nun erneut Ihr Ziel der Challenge:

Mein Ziel ist und bleibt:

____

____

Überlegen Sie, was Ihnen im Zuge der Veränderung Ihrer Gewohnheiten bis heute ziemlich leicht fiel und halten Sie es hier fest:

Mir fiel besonders leicht, dass

____

____

____

____

____

Bestimmt hat Ihr innerer Schweinehund sich bereits gemeldet. Welche Schwierigkeiten bei der Verfolgung Ihrer Ziele sind Ihnen aufgefallen?

Schwierig finde ich, dass

____

____

____

Sie wissen ja: Hürden sind dafür da, genommen zu werden. Besonders einfach lassen sich Hürden in Teamarbeit nehmen. Legen Sie daher als heutiges Tagesziel drei Personen aus Ihrem Umfeld fest, die Sie in Ihr Ziel einweihen wollen und von denen Sie Unterstützung in schwierigen Phasen erwarten können.

Person 1: ____________________ ist geeignet, weil

____

Person 2: ____________________ ist geeignet, weil

____

Person 3: ____________________ ist geeignet, weil

____

Und damit wäre dieser Tag auch bereits geschafft. War doch ziemlich einfach, oder?

Woche 1 / Tag 5

Und wieder kümmern wir uns darum, dass Sie Ihr Ziel nicht aus den Augen verlieren. Haben Sie die gestern definierten Personen bereits in Ihr Vorhaben eingeweiht? Wenn nicht, wäre jetzt der genau richtige Zeitpunkt, um sich den Telefonhörer zu schnappen und Ihren Mitmenschen mitzuteilen, dass Sie gerade dabei sind, aktiv Ihr Leben zu verändern.

Ist Ihnen bereits aufgefallen, dass Sie sich immer weniger Gedanken darüber machen müssen, den Weg zum Ziel zu beschreiten? Aktuell ist Ihr Gehirn dabei, die neuen Handlungen vom bewussten in den unbewussten Zustand zu versetzen. In Ihrem Kopf herrscht gerade eine Großbaustelle wie auf der A3 – nur mit wesentlich weniger Stau.

Was hat Sie heute Ihrem Ziel ein Stückchen nähergebracht?

____

____

____

____

____

____

Woche 1 / Tag 6

Wir sind wirklich richtig stolz auf Sie! Sie haben es fast geschafft, eine komplette Woche lang dieses Buch mit Leben zu füllen und sind dabei Schritt für Schritt dem Erfolg nähergekommen. Wir hoffen, dass Sie immer noch hochmotiviert und diszipliniert auf Ihr Ziel hinarbeiten.

Wie hat Ihnen der heutige Tag hinsichtlich Ihres Ziels gefallen?

Gab es etwas, was Sie heute besonders motiviert hat?

Woche 1 / Tag 7

Am siebten Tage sollst du ruhen! Und genau das werden auch Sie heute machen. Sie müssen nichts notieren, Sie müssen nichts rekapitulieren. Entspannen Sie sich und machen Sie etwas Schönes für sich! Sie haben es sich redlich verdient!

Woche 2 / Tag 1

Heute ist der erste Tag der zweiten Woche. Zeit, um ein kurzes Fazit zu ziehen. Sie haben zwar noch einen weiten Weg vor sich, aber sehen Sie es positiv: Der schwere Anfang ist gemacht.

Mein Ziel ist:

____

____

Ich will mein Ziel erreichen, weil

____

____

Ich werde dieses Ziel auch erreichen, denn

____

____

Auch wenn es mich viel Anstrengung und Kraft kostet, weiß ich, dass

____

____

____

Ich werde mich mit Folgendem belohnen:

____

____

Woche 2 / Tag 2

Den heutigen Tag nutzen wir für einen Ausflug in Ihre Gefühlswelt. Denn um eine Gewohnheit zu installieren reicht es nicht, die Handlungen robotergleich täglich zu wiederholen. Sie sollen vielmehr glücklich und zufrieden sein. Nehmen Sie sich mal ein paar Minuten Zeit und überlegen Sie, wie Sie sich die letzte Woche gefühlt haben. Bemerken Sie Veränderungen an sich selbst? Sind Sie besser gelaunt, fitter oder selbstsicherer geworden? Oder geht es Ihnen ganz gegenteilig?

Seit Beginn der Challenge geht es mir

Ich bin zufrieden mit meiner bisherigen Leistung, weil

Ich bin eher unzufrieden, denn Folgendes passt mir ganz und gar nicht:

Woche 2 / Tag 3

Sie schreiten mit großen Schritten Ihrem Erfolg entgegen! Wahrscheinlich haben Sie festgestellt, dass mittlerweile Ihr Ziel nicht mehr nur eine vage Wunschvorstellung ist, sondern es sich in Ihrer Gedankenwelt festgesetzt hat. Die meisten Menschen entwickeln ab dem heutigen Tage erste Routinen. Geht es Ihnen auch so?

Ich stelle nach den ersten zehn Tagen der Challenge fest, dass

____

____

____

____

Mein Ziel ist es weiterhin,

____

____

____

____

Ich lasse mich jetzt auch nicht mehr von meinem Ziel abbringen, auch wenn mir Steine in den Weg gelegt werden!

Woche 2 / Tag 4

Heute wollen wir erneut auf Ihren Freundes- und Bekanntenkreis zurückkommen. Vergangene Woche haben Sie ja drei Menschen aus Ihrem Umfeld als Unterstützung benannt. Haben Ihnen diese Personen bisher Unterstützung bei Ihrem Vorhaben geboten? Falls nicht, ist heute der ideale Tag, um eine oder alle der Personen gegen andere Menschen auszutauschen. Vielleicht fällt Ihnen ja heute jemand ein, an den Sie vergangene Woche nicht gedacht haben? Bitte benennen Sie nun erneut drei Personen, die Sie unterstützen.

Person 1: ____________________ ist geeignet, weil

____

Person 2: ____________________ ist geeignet, weil

____

Person 3: ____________________ ist geeignet, weil

____

Das war es auch schon für heute. Morgen wartet eine größere Aufgabe auf Sie. Erholen Sie sich daher heute und sorgen Sie für ein wenig Entspannung in Ihrem Alltag.

Woche 2 / Tag 5

Wir wachsen mit unseren Herausforderungen. Daher steht dieses Thema heute ganz oben auf unserer Agenda. Überlegen Sie sich zunächst eine Tätigkeit, die Sie schon viel zu lange vor sich hergeschoben haben. Und die Sie wirklich unangenehm und nervig finden. Das kann ein Telefonat sein, das Schreiben einer Kündigung oder das Putzen Ihrer Toilette.

Meine Herausforderung ist:

____

____

Nachdem Sie Ihre ganz persönliche Herausforderung für diesen Tag festgelegt haben, wird es Zeit, diese in Angriff zu nehmen. Schluss mit Aufschieben und Prokrastination – jetzt wird gehandelt.

Gehen Sie jetzt an Ihre Herausforderung und bewältigen Sie diese.

Und, wie fühlen Sie sich nun? Sie können stolz auf sich sein, wenn Sie die Herausforderung bewältigt haben. Denn dadurch haben Sie ihrem inneren Schweinehund gezeigt, wer der Boss in Ihrem „Haus“ ist.

Ich habe die Herausforderung bewältigt und fühle mich

____

____

____

____

Mir fiel dabei schwer, dass

____

____

____

____

Sie werden merken, dass die nun bewältigte Aufgabe beim nächsten Mal bereits viel weniger anstrengend und unangenehm ist. Denn je häufiger Sie sich in Situationen begeben, wo Sie mit unschönen Aufgaben konfrontiert werden, desto eher gewöhnen Sie sich an die Herausforderungen.

Woche 2 / Tag 6

Ein neuer Tag, eine neue Aufgabe. Heute werden wir Sie in eine kleine Ausnahmesituation versetzen. Den meisten Menschen fällt es extrem schwer, auf andere, fremde Personen zuzugehen. Ihnen auch? Wunderbar, dann sind Sie mit der Mini-Challenge des heutigen Tages genau richtig bedient. Der heutige Tag dient allein dazu, erneut gegen inneren Widerstand anzukämpfen und Hürden zu überwinden.

Sie brauchen heute wetterfeste Kleidung, denn es geht nach draußen vor die Tür. Ganz unabhängig von Ort und Zeit sollen Sie mit fünf verschiedenen, unbekannten Personen in Kontakt treten. Zu jeder Person stellen wir Ihnen eine andere, kleine Aufgabe. Bitte nehmen Sie auch dieses Buch und einen Stift mit nach draußen, damit Sie sich Notizen machen können. Bereit? Dann geht's los!

Person 1: Sprechen Sie eine Ihnen sympathische Person an und bitten Sie diese, Ihnen den Weg zum nächsten Supermarkt zu erklären.

Bei dieser Aufgabe fühlte ich mich

Person 2: Sprechen Sie eine Ihnen unsympathische Person an und bitten Sie diese, Ihnen den Weg zum besten Restaurant in der Umgebung zu erklären.

Bei dieser Aufgabe fühlte ich mich

Person 3: Suchen Sie eine Person, die Sie attraktiv finden. Gehen Sie zu dieser Person und teilen Sie ihm oder ihr mit, dass Sie diese Person wirklich überaus anziehend finden. Seien Sie höflich und sparen Sie nicht an Komplimenten.

Bei dieser Aufgabe fühlte ich mich

Person 4: Suchen Sie eine Person, die Ihnen auf den ersten Blick extrem unsympathisch ist. Fragen Sie die Person zunächst nur nach der Uhrzeit und versuchen Sie, ins Gespräch zu kommen und für einige Minuten einen Smalltalk aufrecht zu erhalten.

Bei dieser Aufgabe fühlte ich mich

____

____

____

____

Person 5: Suchen Sie erneut nach einer umwerfend attraktiven Person. Sprechen Sie diese an, verwickeln Sie den Menschen in ein Gespräch und versuchen Sie, eine Telefonnummer zu bekommen. Keine Sorge, wenn Sie an dieser Aufgabe scheitern, sind Sie nicht alleine. Sie müssen keine Nummer erhalten, um bei dem Teil unserer Mini-Challenge des Tages Erfolg zu haben. Es geht hier mehr um den Weg als um das Ziel.

Bei dieser Aufgabe fühlte ich mich

____

____

____

____

Super! Sie haben unsere Mini-Challenge erfolgreich gemeistert! Begeben Sie sich wieder nach Hause, für heute haben Sie genug Tolles geleistet.

Woche 2 / Tag 7

Und erneut ist eine Woche vorbei. 14 Tage haben Sie bereits erfolgreich hinter sich gebracht. Natürlich liegt noch ein weiter Weg vor Ihnen, aber sehen Sie es so: Das Ziel rückt stetig näher. Und einen Teilerfolg können Sie nun definitiv für sich verbuchen:

Wir haben die Challenge so aufgebaut, dass die ersten zwei Wochen der Eingewöhnung dienen. Die kleinen Aufgaben, die Sie mit Bravour gemeistert haben, dienten allein dem Zweck, dass Sie sich aktiv mit Ihrem Ziel auseinandersetzen. Schauen Sie sich Ihre Notizen der letzten zwei Wochen einmal an. Na, finden Sie nicht auch, dass Sie hier saubere Arbeit geleistet haben? Völlig zu Recht können Sie nun auf sich stolz sein. Und da man am siebten Tage wie bekannt ruhen soll – machen Sie das heute auch. Es stehen keine Aufgaben für Sie an. Nehmen Sie sich einfach ein wenig Zeit für sich selber!

Woche 3 / Tag 1

Ab heute beginnt die Woche der wirklichen Gewöhnung. Sie sind nun soweit fortgeschritten, dass Ihre aufs Ziel ausgerichteten Handlungen immer autonomer ablaufen. Sollten Sie es sich als Ziel genommen haben, mit dem Rauchen aufzuhören: Wenn Sie bis heute keine einzige Zigarette mehr geraucht haben, sind Sie auf dem besten Wege, ein Leben als Nichtraucher zu führen. Sie wollen mehr Sport treiben? Perfekt, denn nach 14 Tagen sollten Ihnen die sportlichen Aufgaben bereits wesentlich leichter fallen als noch zu Beginn unserer Challenge.

Bitte führen Sie sich noch einmal Ihr Ziel vor Augen:

____

____

Fügen Sie nun einen Motivationsspruch hinzu, der Ihnen Kraft schenken wird. Das kann ein Zitat oder ein Gedankengang sein. Der Spruch sollte nur etwas mit Ihrem Ziel zu tun haben.

Mein Motivationsspruch:

____

____

____

____

____

____

Perfekt! Nun wartet noch eine letzte Aufgabe am heutigen Tage auf Sie. Bitte definieren Sie sieben „Meilensteine“ für diese Woche, die Sie unbedingt erreichen wollen – für jeden Tag einen. Diese Meilensteine müssen nicht unbedingt etwas mit Ihrem großen Ziel zu tun haben, es sollten jedoch Aufgaben sein, die Sie schon länger vor sich herschieben und schon längst erledigt haben wollten.

Meilenstein für Tag 1

Meilenstein für Tag 2

Meilenstein für Tag 3

Meilenstein für Tag 4

Meilenstein für Tag 5

Meilenstein für Tag 6

Meilenstein für Tag 7

Sehr schön. Bitte erledigen Sie heute den ersten Punkt dieser Liste. Danach können Sie Ihren wohlverdienten Feierabend genießen.

Woche 3 / Tag 2

Gestern war ein ganz schön fordernder Tag, nicht wahr? Dafür dürfen Sie sich heute etwas ausruhen und mental motivieren. Bitte schreiben Sie den heutigen Meilenstein auf.

Meilenstein für Tag 2:

____

____

Diesen Meilenstein sollten Sie heute abarbeiten. Bitte notieren Sie nun noch folgende Dinge:

Mir geht es heute

____

____

Ich habe mein Ziel fest vor Augen, denn

____

____

____

____

Mich kann jetzt auch nichts und niemand mehr davon abhalten, mein Ziel zu erreichen. Ich bin stark, ich habe den Willen und die Kraft, denn

Außerdem weiß ich, dass am Ziel folgende Belohnung auf mich wartet:

Woche 3 / Tag 3

Wir hoffen, mit denen am Anfang der Woche definierten Meilensteinen kommen Sie zurecht und haben ein wenig Spaß daran, die selbst gesteckten Aufgaben abzuarbeiten. Sie sollten gemerkt haben, wie erleichternd es ist, wenn lang aufgeschobene, unangenehme oder anstrengende Dinge final erledigt sind. Bitte gehen Sie heute den dritten Meilenstein aus Ihrer Liste an.

Meilenstein für Tag 3:

____

____

Bei der Erledigung meiner Aufgaben habe ich folgende Schwierigkeiten:

____

____

____

____

____

____

Um diese Hürden zu überspringen, muss ich

____

____

____

Das ist für mich aber kein Problem, denn

Das Ziel meiner Challenge ist nach wie vor:

Ich weiß, dass ich mein Ziel erreichen kann, wenn ich

Woche 3 / Tag 4

Meilenstein für Tag 4:

Diesen Meilenstein sollten Sie heute abarbeiten.

Heute ist der Tag der Reflexion. Denn nur, wenn Sie vor Augen haben, warum Sie überhaupt Ihr Ziel erreichen wollen, werden Sie auch Erfolg haben!

Notieren Sie bitte daher Folgendes:

Warum ist es mir wichtig, das Ziel zu erreichen?

Was für Vorteile kann ich daraus ziehen?

Was ist mir persönlich am wichtigsten?

Was wären die Nachteile, wenn ich das Ziel aus den Augen verlieren würde?

Woche 3 / Tag 5

Meilenstein für Tag 5:

Diesen Meilenstein sollten Sie heute abarbeiten.

Es geht zwar bei dieser Challenge darum, eine neue Gewohnheit zu installieren, trotzdem sollten Sie sich auch bewusst werden, welche Gewohnheiten Sie bis jetzt so mit sich herumtragen. Bitte halten Sie daher als heutige Tagesaufgabe drei Ihrer positiven und drei Ihrer negativen Angewohnheiten fest und notieren Sie zusätzlich, wie Sie zu den Gewohnheiten gekommen sind. Eventuell können Sie so Rückschlüsse auf Ihr Verhalten ziehen, die Sie wiederum für die Challenge verwenden können.

Meine erste positive Angewohnheit ist

So bin ich zu der Angewohnheit gekommen

Meine zweite positive Angewohnheit ist

So bin ich zu der Angewohnheit gekommen

Meine dritte positive Angewohnheit ist

So bin ich zu der Angewohnheit gekommen

Meine erste negative Angewohnheit ist

So bin ich zu der Angewohnheit gekommen

Meine zweite negative Angewohnheit ist

So bin ich zu der Angewohnheit gekommen

Meine dritte negative Angewohnheit ist

So bin ich zu der Angewohnheit gekommen

Woche 3 / Tag 6

Meilenstein für Tag 6

____

____

Diesen Meilenstein sollten Sie heute abarbeiten.

Wir hoffen, Sie haben das Gesamtziel der Challenge auch am Ende der dritten Woche noch fest vor Augen. Wir wissen, dass aktuell die Motivation extrem nachlässt. Nicht wenige Teilnehmer dieser Challenge geben jetzt auf, weil Ihnen der Weg bis zum Erfolg viel zu weit erscheint. Sie allerdings gehören nicht zu denen, die vorschnell aufgeben!

Was haben Sie bisher erreicht?

____

____

____

____

____

____

Was wollen Sie noch erreichen?

____

____

____

____

____

____

Wie verhält sich Ihr innerer Schweinehund? Ist er sehr bestrebt, Sie vom Ziel abzuhalten oder haben Sie den garstigen Köter mittlerweile an die kurze Leine genommen?

____

____

____

____

____

____

Woche 3 / Tag 7

Meilenstein für Tag 7

____

____

Diesen Meilenstein sollten Sie heute abarbeiten.

Wahnsinn! Sie sind bereits drei Wochen bei der Challenge dabei. Wir möchten Ihnen daher unser größtes Lob aussprechen! 70% aller Teilnehmer haben bis heute abgebrochen. Sie nicht! Belohnen Sie sich daher heute für Ihre Leistung mit einer Kleinigkeit. Sie haben es sich wirklich verdient!

Außerdem wollen wir Ihnen heute ein kleines Geheimnis verraten: Sie müssen nur noch eine Woche durchhalten, um Ihrem Ziel einen großen Schritt näherzukommen. Forschungen haben bewiesen, dass nach vier Wochen die Zeit vorbei ist, wo man aktiv eine Handlung anstoßen muss, um diese durchzuführen. Man kann nach vier Wochen zwar noch nicht von einer Angewohnheit sprechen, jedoch haben Sie sich dann durchaus schon an eine Handlung gewöhnt. Sie stehen also kurz vor dem Durchbruch. Weiter so!

Woche 4 / Tag 1

Sind Sie gut in die vierte Woche der Challenge gestartet? Immer noch voller Motivation und Zuversicht? Sehr gut, denn wir werden die Intensität in dieser Woche nochmal etwas steigern. Bitte machen Sie sich Ihr Ziel zunächst noch einmal bewusst, in dem Sie es aufschreiben. Eventuell hat sich Ihr Ziel in den vergangenen Wochen ja noch konkretisiert oder in Details verändert – daher ist es nun von größter Wichtigkeit, dass Sie sich Ihr persönliches Ziel erneut vor Augen führen.

Mein Ziel der Challenge ist

____

____

Diese kleinen Erfolge auf meinem Weg konnte ich bereits für mich verbuchen:

____

____

____

____

____

____

____

Besonders positiv finde ich an der Veränderung meines Lebens Folgendes:

____

____

____

____

____

____

Mir fällt es mittlerweile ziemlich leicht,

____

____

____

____

Schwierigkeiten habe ich noch mit

____

____

____

____

____

____

Toll, Sie haben soeben eine kleine Selbstanalyse durchgeführt. Nutzen Sie diese Analyse während der kommenden Woche, um sich Ihr Ziel immer wieder vor Augen zu führen.

Woche 4 / Tag 2

Heute werden wir mal schauen, ob Ihr Umfeld Ihre Veränderungen der Gewohnheiten auch schon bemerkt hat. Sie haben ja vor einiger Zeit ein paar Personen ins Vertrauen gezogen. Bitte nehmen Sie heute Kontakt mit den Vertrauensleuten auf und bitten Sie sie, ein kurzes Statement zu Ihrer Challenge abzugeben. Gerne können Sie die Personen direkt in unser Buch schreiben lassen – oder Sie notieren das Wesentliche direkt nach dem Gespräch.

Meine Vertrauenspersonen finden, dass ich
____

Woche 4 / Tag 3

Wie verhält sich eigentlich Ihr innerer Schweinehund? Ist er mittlerweile gezähmt, oder fällt Ihnen es immer noch schwer, gegen ihn anzugehen? Falls Sie noch Schwierigkeiten haben, die nötigen Handlungen zum Erreichen Ihres Zieles anzugehen, sollten Sie sich nun nochmal konkret mit Ihren Schwierigkeiten auseinandersetzen und passende Lösungsansätze entwickeln. Für den Fall, dass Sie den Schweinehund mittlerweile gut im Griff haben, können Sie diese Aufgabe getrost überspringen. In dem Fall müssen Sie heute weiter nichts erledigen.

Mir fällt schwer, dass

____

____

____

____

So könnte ich die Schwierigkeit beseitigen:

____

____

____

____

Mir fällt schwer, dass

So könnte ich die Schwierigkeit beseitigen:

Mir fällt schwer, dass

So könnte ich die Schwierigkeit beseitigen:

Mir fällt schwer, dass

So könnte ich die Schwierigkeit beseitigen:

Woche 4 / Tag 4

Der Erfolg rückt täglich näher. Mit dem heutigen Tage haben Sie den Höhepunkt dieser Woche überschritten und nähern sich mit großen Schritten Ihrem Etappenziel. Es ist der perfekte Zeitpunkt, Ihre Standfestigkeit bezüglich des großen Ziels einmal zu testen. Setzen Sie sich heute daher bitte einmal einer Situation aus, die für Ihren Erfolg gefährlich sein könnte und halten Sie Ihre Erfahrungen schriftlich fest.

Die Gefahrensituation war folgende:

Und so habe ich reagiert:

Woche 4 / Tag 5

Gestern mussten Sie sich einer Gefahrensituation aussetzen, die Ihren Erfolg gefährden könnte. Heute hingegen dürfen Sie genießen, denn Ihre Tagesaufgabe lautet:
Bringen Sie sich in eine Situation, in der Sie die Vorteile Ihres Ziels voll und ganz auskosten können.

Folgendes habe ich gemacht:

____

____

____

____

Und so habe ich mich dabei gefühlt:

____

____

____

____

Woche 4 / Tag 6

Bitte überlegen Sie sich heute 10 persönliche Motivationsfaktoren, die Sie ermutigen, die Challenge weiterzuführen und so toll wie bisher auf Ihr Ziel hinzuarbeiten. Die Faktoren sind dabei völlig Ihnen überlassen. Sie können Zitate aufschreiben, Belohnungen festlegen oder Gesprächsnotizen mit Freunden und Verwandten notieren. Alles, was Ihnen gute Laune bereitet, ist erlaubt.

Motivationsfaktor 1:

____

____

Motivationsfaktor 2:

____

____

Motivationsfaktor 3:

____

____

Motivationsfaktor 4:

____

____

Motivationsfaktor 5:

___

___

Motivationsfaktor 6:

___

___

Motivationsfaktor 7:

___

___

Motivationsfaktor 8:

___

___

Motivationsfaktor 9:

___

___

Motivationsfaktor 10:

___

___

Woche 4 / Tag 7 – Zwischenziel erreicht!

Ist es nicht Wahnsinn, wie schnell die Zeit vergeht? Heute sind Sie bereits vier Wochen bei der Challenge dabei und auf dem allerbesten Wege, Ihr selbstgestecktes Ziel auch zu erreichen. Mittlerweile werden Sie auch festgestellt haben, ob Sie Ihr Ziel als wirklich lohnens- und erstrebenswert erachten. Falls dem so ist – Super, machen Sie weiter! Sie sind nicht mehr weit entfernt von Ihrem ganz persönlichen Erfolgserlebnis.

Eventuell haben Sie aber auch feststellen müssen, dass Ihr eingangs definiertes Ziel überhaupt nicht zu Ihrem Leben passt. In diesem Fall empfehlen wir Ihnen, heute die Challenge zu beenden und nochmal ganz zurück an den Anfang zu gehen. Beginnen Sie einfach nochmal mit dem ersten Tag, legen Sie ein neues Ziel fest und führen Sie die Challenge erneut durch. Sehen Sie das Beenden dabei nicht als Versagen an. Manchmal stellen wir uns Veränderungen einfach schöner vor, als sie es in der Realität sind und was zu dem einen passt, muss für den anderen längst noch nicht geeignet sein.
Sofern Sie Ihr Ziel immer noch fest vor Augen haben, sehen Sie den heutigen Tag als Belohnungstag. Machen Sie etwas Schönes mit Ihrem Partner, kaufen Sie sich etwas Tolles oder legen Sie sich einfach müßig in die Sonne. Sie haben es sich wahrlich verdient!

Woche 5 / Tag 1 – 7

Sie sind nun soweit auf Ihr Ziel eingeschossen, dass Sie keine täglichen Aufgaben mehr benötigen, um auf Kurs zu bleiben. Daher werden wir die Challenge ab sofort ein wenig anpassen. Sie bekommen von uns keine Tagesaufgaben mehr, sondern ein ausführlicheres Briefing für die komplette Woche. Dies hat nicht nur den Vorteil, dass Sie nicht mehr täglich Zeit für Notizen aufbringen müssen, sondern sorgt auch dafür, dass Ihre Handlungen mehr und mehr aus dem bewussten in den unbewussten Bereich ausgelagert werden. Sie wissen ja noch, dass unser Gehirn Automatismen liebt. Die letzten vier Wochen haben Sie Ihren Denkapparat mit bewusst durchgeführten Handlungen stimuliert und durch häufige Wiederholungen (die Sie hoffentlich nicht gelangweilt haben) in eine Art routinierten Arbeitszyklus versetzt. Ab sofort wird es bei unserer Challenge darum gehen, Ihre Handlungen so umzustricken, dass Sie sie ohne Nachdenken absolvieren.

Vielleicht haben Sie sich als Ziel gesetzt, häufiger Sport zu treiben. Erinnern Sie sich noch an die erste Woche der Challenge? Wie schwer ist es Ihnen da noch gefallen, sich für den Sport vom Sofa aufzuraffen? Und heute? Überlegen Sie noch groß, ob Sie zum Sport gehen sollen oder machen Sie es einfach?

Oder haben Sie das Rauchen aufgegeben? Wissen Sie noch, wie hart die ersten Tage ohne Nikotin waren? Und wie sieht es heute aus? Können Sie mittlerweile problemlos ohne Zigarette durchs Leben gehen? Vermissen Sie den Glimmstängel überhaupt noch?

Ist der Verzicht auf Süßigkeiten für Sie noch ein großes Thema? Fahren Sie mittlerweile entspannt Auto, ohne Drängeln, ohne Rasen?

Was auch immer das Ziel Ihrer Challenge sein mag – Sie werden mit Sicherheit festgestellt haben, dass sich eine Veränderung Ihrer Gewohnheiten positiv auf Ihr Leben auswirkt. Nicht nur, dass Sie gesünder, fitter und ausgeruhter Ihren Alltag bewerkstelligen – auch für Ihre Psyche ist die Installation guter Gewohnheiten bei gleichzeitiger Reduzierung schlechter Angewohnheiten wie eine Frischzellenkur. Erfolg stärkt das Selbstbewusstsein. Mit großem Selbstbewusstsein haben Sie wiederum mehr Erfolg – und mit mehr Erfolg gehen Sie beschwingter durchs Leben.

Machen Sie sich in dieser Woche bitte Folgendes bewusst:

Mein Ziel ist es nach wie vor,

____

____

Es gibt jetzt nichts mehr, was Sie von Ihrem Ziel abhalten kann. Außer Sie selbst! Und das wollen wir natürlich verhindern. Überlegen Sie sich daher im Laufe der Woche mal, was Sie in der Vergangenheit davon abgehalten hat, ein Ziel zu erreichen. Was waren auslösende Faktoren, die Sie vom Erfolg abgehalten haben und warum haben Sie sich überhaupt abhalten lassen? Wir haben den Platz für diese Aufgabe hier im Buch bewusst knappgehalten. Sie sollen schließlich keine Romane schreiben, sondern sich nur vergangene Faktoren vor Augen führen. Denn aus Fehlern der Vergangenheit kann man bestens lernen, wenn man sie analysiert und versteht.

Ich hatte einst dieses Ziel vor Augen:

____

____

____

____

Leider habe ich das Ziel nicht erreicht. Mich hat vom Erfolg abgehalten, dass

Super! Das ist doch wirklich interessant zu lesen, finden Sie nicht auch? Schade, dass wir über keine Zeitmaschine verfügen. Ansonsten könnten Sie sich mit dem Wissen von Heute nun bequem in die Vergangenheit katapultieren und aus dem damaligen Misserfolg einen Erfolg machen. Ganz realistisch gesehen haben Sie nun durch Ihre Notizen eine kleine Analyse Ihrer persönlichen Schwachstellen durchgeführt. Sie haben nun schwarz auf weiß, was Sie damals von Ihrem Weg abgebracht hat. Versuchen Sie mal, in einem Gedankenexperiment die vergangene Situation durchzuspielen, und zwar so, dass Sie sich einen Weg überlegen, wie Sie früher hätten reagieren müssen, um Ihr Ziel zu erreichen. Notieren Sie bitte dann Ihren Gedankengang.

Ich hätte mein damaliges Ziel erreichen können, wenn ich anders gehandelt hätte. Ich hätte

Woche 6 / Tag 1 – 7

Sie sind ja wirklich nicht aufzuhalten! Es ist schön zu sehen, wie Sie auch nach mehreren Wochen immer noch motiviert und voller Selbstdisziplin auf Ihr Ziel hinarbeiten! Mittlerweile sollte es Ihnen kaum noch Schwierigkeiten bereiten, Ihr neues Verhalten durchzuziehen. Sie haben aus einer Idee, die Sie vor ein paar Wochen schriftlich festgehalten haben, eine richtige Verhaltensweise gemacht. Darauf können Sie stolz sein, denn das Antrainieren einer neuen Gewohnheit ist, wie wir wissen, alles andere als leicht. Können Sie sich noch an Ihr Leben vor der Challenge erinnern? Wissen Sie noch, wie Sie sich bei dem Gedanken gefühlt haben, irgendwas an sich verändern zu müssen und wie schwer es Ihnen früher gefallen ist, dem Gedanken auch Tatsachen folgen zu lassen?

Wir nennen diese Woche der Challenge die „Woche der Selbsterkenntnis“. Wir möchten, dass Sie sich ganz explizit mit ihrer Einstellung zum Leben beschäftigen. Denn eine Veränderung eines Verhaltens führt in den meisten Fällen zu einer Veränderung des ganzen Lebens. Wir werden Ihnen daher nun einige Schlagwörter vorgeben, zu denen Sie im Laufe der Woche Ihre Meinungen und Ansichten wiedergeben. Schreiben Sie einfach auf, was Ihnen spontan zu den Begriffen in den Sinn kommt. Am Ende der Challenge können Sie auf Ihre Notizen zurückgreifen und mal schauen, was davon immer noch Bestand hat, was sich in Ihrer Sicht auf das Leben vielleicht verändert hat und, ganz wichtig, was Ihr Ziel möglicherweise komplett geändert hat.

Motivation ist für mich

Erfolg sehe ich als

An meinem Leben gefällt mir

Was mich an meinem Leben stört, ist

Die Menschen in meiner Umgebung sehe ich zumeist

Arbeit bedeutet mir

Meine Familie ist

Geld ist immer

Pflichtbewusstsein halte ich für

Was mich an meiner momentanen Lebenssituation stört, ist

Mir geht es trotzdem gut, denn

Woche 7 / Tag 1 – 7

Sie haben nun mehr als zwei Drittel der Challenge erfolgreich gemeistert. Ist das nicht ein tolles Gefühl, wenn ein Vorhaben sich immer mehr und mehr konkretisiert und das Ziel nun so dicht vor Ihren Augen ist? In der siebten Woche besteht kein Zweifel mehr daran, dass Sie Erfolg haben werden! Es ist äußerst unwahrscheinlich, dass Sie jetzt noch etwas aus der Bahn werfen wird. Ihre Handlungen sind mittlerweile soweit automatisiert, dass sie fast schon zur Routine geworden sind. Würden Sie diesem Satz aus Ihrer Sicht nun zustimmen?

Mein Ziel ist nach wie vor:

____

____

____

____

Die Challenge hat dafür gesorgt, dass

____

____

____

____

Auf dem Weg zum Erfolg fehlt mir nur noch

____

____

____

____

Die Woche 7 ist die Woche des Verzichts. Auch wenn wir es nur ungern schreiben (weil wir es genießen, dass Sie unser Buch so fabelhaft mit Leben füllen) – legen Sie das Buch für die nächsten Tage komplett beiseite. Verzichten Sie darauf, sich durch die gefüllten Seiten immer wieder Ihr Ziel vor Augen zu führen. Wir wollen Sie in dieser Woche nicht unterstützen – denn Sie sind mittlerweile an einem Punkt angelangt, an dem Sie keine Stützräder mehr benötigen. Am letzten Tage dieser Woche nehmen Sie dann unser Buch wieder zur Hand. Notieren Sie dann bitte die Ergebnisse und Erlebnisse der kompletten Woche. Halten Sie fest, was hinsichtlich Ihres Zieles gut lief – und wo Sie Verbesserungspotenzial sehen. Wir möchten Ihnen keine Vorschriften machen, was Sie notieren – daher finden Sie anders als in den vergangenen Wochen keine Schlagwörter oder einleitenden Sätze mehr vor.

Klappen Sie jetzt den Buchdeckel zu, legen Sie Buch und Challenge beiseite und starten Sie in den Alltag. Die kommenden sechs Tage sind Sie nun auf sich allein gestellt (und wir sind uns mehr als sicher, dass Sie diese

Tage wie bisher mit Bravour meistern werden)!
Öffnen Sie unser Buch bitte erst am siebten Tag dieser Woche und halten Sie Ihre Erkenntnisse dann hier schriftlich fest.

Meine Woche lief gut, denn:

Weniger gut lief

Woche 8 / Tag 1 – 7

Es trennen Sie nur noch wenige Tage von Ihrem Ziel. Der Erfolg rückt immer näher und bestimmt sind Sie bereits in Vorfreude auf die Belohnung, die Sie am allerersten Tage festgelegt haben. Damit Sie sich sowohl das Ziel als auch die Belohnung nochmal ins Bewusstsein rufen, schreiben Sie beides bitte nochmal kurz untereinander auf:

Mein Ziel:

____

____

Meine Belohnung:

____

____

Sieht doch gut aus, oder? Je näher Sie Ihrem Ziel kommen, desto näher rückt auch die Belohnung. Einem Spitzensportler gleich werden Sie nun auf der Zielgeraden Ihre eh schon überragende Leistung nochmal intensivieren! Die achte Woche unserer Challenge steht unter dem Motto „Botschafter für den Erfolg“. Und wer ist wohl der Botschafter der Woche? Richtig: Sie!

Wir möchten, dass Sie in dieser Woche Ihr

gesammeltes Wissen, was Sie bis heute angesammelt haben, Ihrer Umgebung mitteilen. Bestimmt kennen Sie auch den ein oder anderen Menschen, der zwar hohe Ziele hat, aber diese selten bis nie erreicht. Das will geändert werden, finden Sie nicht auch? Nehmen Sie sich daher die kommenden sieben Tage Zeit und versuchen Sie, in dem Zeitraum eine von Ihnen gewählte Person davon zu überzeugen, genau wie Sie ein Ziel zu erreichen. Versuchen Sie, anhand des durch unser Buch erworbenen Wissens eine Initialzündung bei einer anderen Person auszulösen. Sie brauchen sich allerdings weder für den Erfolg noch für einen eventuellen Misserfolg der anderen Person verantwortlich fühlen. Jeder ist schließlich seines eigenen Glückes Schmied. Allerdings zeigt die Erfahrung, dass Botschafter es häufig schaffen, andere Menschen zu überzeugen. Probieren Sie es einfach mal aus.

Am Ende der Woche notieren Sie bitte Ihre Erfahrungen, die Meinung Ihres Gegenübers sowie alles Weitere, was Sie für relevant erachten.

Als Zielperson für diese Woche lege ich fest:

____

Ich möchte diesen Menschen davon überzeugen, dass er Folgendes an sich verändert:

Ich war insofern erfolgreich mit meiner Woche als Botschafter, als dass

Sie können ja mal nachverfolgen, ob Ihre Rolle als Botschafter erfolgreich war. Sprechen Sie Ihre Zielperson hierfür einfach nochmal in einigen Wochen an. Eventuell haben Sie ja einen Prozess angestoßen und es geschafft, dass auch Menschen in Ihrer Umgebung sich mit dem Thema „Gewohnheiten verändern“ näher beschäftigen.

Woche 9 / Tag 1 – 7

Endspurt! Nichts und niemand kann Sie nun noch von Ihrem Ziel abhalten. Der innere Schweinehund? Ruhiggestellt. Die Motivation? Hoffentlich immer noch auf höchstem Niveau. Ihr Wille? Steht fest und eisern und trotzt jedem Gegenwind. Sie gehören offenbar zu der willensstarken Sorte Mensch (oder sind im Laufe der Woche zu solch einer Person geworden) und können bereits jetzt mit Fug und Recht behaupten, dass Sie einen einmal gefassten Entschluss auch durchziehen. Ganz gleich, welches Ziel Sie damals festgelegt haben – das Wissen, wie ein solches Ziel erfolgreich erreicht und umgesetzt wird, werden Sie nun nicht mehr los. Problemlos können Sie das erlangte Wissen nun auf andere Bereiche Ihres Lebens umsetzen, denn im Endeffekt ist unser tägliches Dasein, nun, eine einzige Challenge. Erfolg im Beruf, im Privatleben, im Sport und im Hobbybereich ist keine Zauberkunst oder etwas, was man hat oder nicht hat. Erfolg ist immer die Summe der Bestrebungen, gepaart mit Disziplin und gewürzt mit Motivation.

In dieser Woche müssen Sie noch einmal aktiv tätig werden. Sie bereiten in Woche 9 nun Ihr zukünftiges Leben nach der Challenge vor. Denn sicherlich haben Sie nicht nur ein Ziel, welches Sie unbedingt erreichen wollen, sondern noch viel mehr Ideen und Ziele, die

Sie zukünftig umsetzen wollen. Und werden, denn schließlich haben Sie in den vergangenen Wochen bewiesen, dass Sie der Meister (oder natürlich die Meisterin) der Selbstdisziplin sind!

Wir möchten, dass Sie diese Woche nutzen, um 3 weitere Ziele zu definieren, die Sie unbedingt noch erreichen möchten. Sie sind natürlich völlig frei in dieser Definition und auch durch nichts und niemanden dazu gezwungen, die festgelegten Ziele auch tatsächlich zu erreichen. Allerdings können wir Ihnen aus Erfahrung sagen, dass einmal aufgeschriebene, klar abgesteckte Zielvorgaben immer wesentlich schneller erreicht werden als vage Ideenkonstrukte, die nur in unserem Kopf existieren. Ideen sind vergänglich. Nur das geschriebene Wort verleiht den Dingen Realität.
Nutzen Sie daher die Woche, um sich Gedanken darüber zu machen, welche Angewohnheiten Sie zukünftig noch loswerden wollen beziehungsweise was Sie noch an tollen guten Gewohnheiten antrainieren könnten.

Meine möglichen Ziele für die Zukunft

Ziel 1:

Ich möchte dieses Ziel unbedingt erreichen, weil

Ziel 2:

Ich möchte dieses Ziel unbedingt erreichen, weil

Ziel 3:

Ich möchte dieses Ziel unbedingt erreichen, weil

Woche 10 / Tag 1 – 7

Unglaublich aber wahr: Sie haben die Zielgerade der Challenge erreicht. Wenn diese Woche vorbei ist, haben Sie 70 Tage darauf verwendet, eine neue Gewohnheit in Ihr Leben zu lassen beziehungsweise eine alte, schlechte Angewohnheit abgelegt. 70 Tage sind eine lange Zeit – und Sie können wirklich stolz auf Ihre Leistung sein! Sie haben das geschafft, woran viele andere Menschen gescheitert sind und dürfen sich am Ende dieser Woche offiziell als Siegertyp bezeichnen.

Schreiben Sie noch ein letztes Mal Ihr Ziel auf:

____

____

Und die Belohnung, die in Kürze auf Sie wartet:

____

____

Ist das nicht ein tolles Gefühl, Ihren Erfolg so kurz vor Augen zu haben? Sie haben nun alles erreicht, was Sie im Rahmen der Challenge erreichen sollten. Sofern Sie sich an unsere Anleitung gehalten haben, liegt Ihnen darüber hinaus noch ein prall gefülltes Tagebuch vor. Dieses sollten Sie immer dann wieder zur Hand nehmen, wenn Sie ein neues Ziel erreichen wollen. Notizen sind der beste Verstärker Ihrer Motivation!

Nutzen Sie die letzten Tage bis zur Beendigung der Challenge dafür, die vergangenen Wochen noch einmal Revue passieren zu lassen. Wissen Sie noch, wie sich Ihr Leben vor der Veränderung angefühlt hat? Erinnern Sie sich noch daran, wie oft Sie sich gewünscht haben, etwas an Ihrem Leben zu verändern? Ein Ziel zu erreichen? Erfolg zu haben?

Wir freuen uns, dass Sie das von Ihnen gesteckte Ziel mit dem heutigen Tage erreicht haben. Gleichzeitig hoffen wir, dass Ihnen die Challenge auch ein wenig Freude bereitet hat.

Unsere Hilfe benötigen Sie nun nicht mehr. Sollten Sie jemanden kennen, der ebenfalls etwas an seinem Leben verändern möchte, aber keine Motivation findet – empfehlen Sie uns doch einfach weiter!

Epilog

Liebe Leser,

hinter Ihnen liegt eine spannende, arbeitsreiche Zeit. Wahrscheinlich wird Ihnen nicht alles an der Challenge gefallen haben. Vielleicht sind Ihnen auch die einen oder anderen Dinge vollkommen sinnbefreit vorgekommen. Ich habe versucht, eine Challenge zu erstellen, die für jeden von Ihnen, werte Leser, einen echten Mehrwert bietet. Da kann es natürlich vorkommen, dass einige Aufgaben für den einen total überflüssig sind – der andere hingegen profitiert von genau dieser Aufgabe. Schließlich sind wir alle mit einer ganz eigenen Persönlichkeit ausgestattet.

Als ich vor langer Zeit damit begonnen habe, etwas an meinem Leben zu verändern, stand ich wie der berühmte Ochs' vorm Berge. Ich hatte zwar ein Ziel vor Augen (es war bei mir die Rauchentwöhnung), aber der genaue Weg blieb mir verborgen. Auf dem Dachboden einer verstorbenen Verwandten entdeckte ich irgendwann aus Zufall ein altes, handgeschriebenes Büchlein aus den 1920er Jahren. Der genaue Wortlaut der dort verfassten Zeilen ist hier irrelevant, das Thema hingegen so aktuell wie heute noch. „Veränderung der Lebensgestaltung der Menschen“ war das Thema des

Buches. Der mir leider persönlich unbekannte Autor, ein Großonkel mütterlicherseits, der mittlerweile leider auch nicht mehr unter uns weilt, breitete auf nur wenigen Seiten soviel Fachwissen aus, dass ich dieses einem Schwamm gleich in mich aufsaugen musste. Nicht nur, dass ich durch die Aussagen des Buches den festen Entschluss fasste, mit dem Rauchen aufzuhören – nein, dieses Büchlein ist auch die Grundlage der Challenge, die Sie mit Bravour gemeistert haben.

Ich hoffe, Sie hatten beim Lesen des Buches und natürlich bei den Herausforderungen, die auf den verschiedenen Seiten auf Sie gewartet haben, genauso viel Spaß wie ich, als ich diese Worte zu Papier brachte.

Es würde mich sehr freuen, wenn Sie, ganz im Sinne eines Botschafters, die Botschaft dieses Buches in Ihrem Freundes- und Verwandtenkreises weiterverbreiten. Denn wie Sie nun wissen, kann jeder Mensch etwas an sich und seinen Gewohnheiten verändern. Man muss nur einfach wissen, wie man vorgehen muss.

Bei Fragen, Anregungen und Kritik an meinem Buch wenden Sie sich bitte an meinen Verlag. Ihre Anliegen werden an mich weitergeleitet und ich verspreche Ihnen, dass ich jede Anfrage beantworten werde.

Mit den allerbesten Grüßen verbleibt

Elias Brandt

Challenge Register

25382584R00105

Printed in Poland
by Amazon Fulfillment
Poland Sp. z o.o., Wrocław